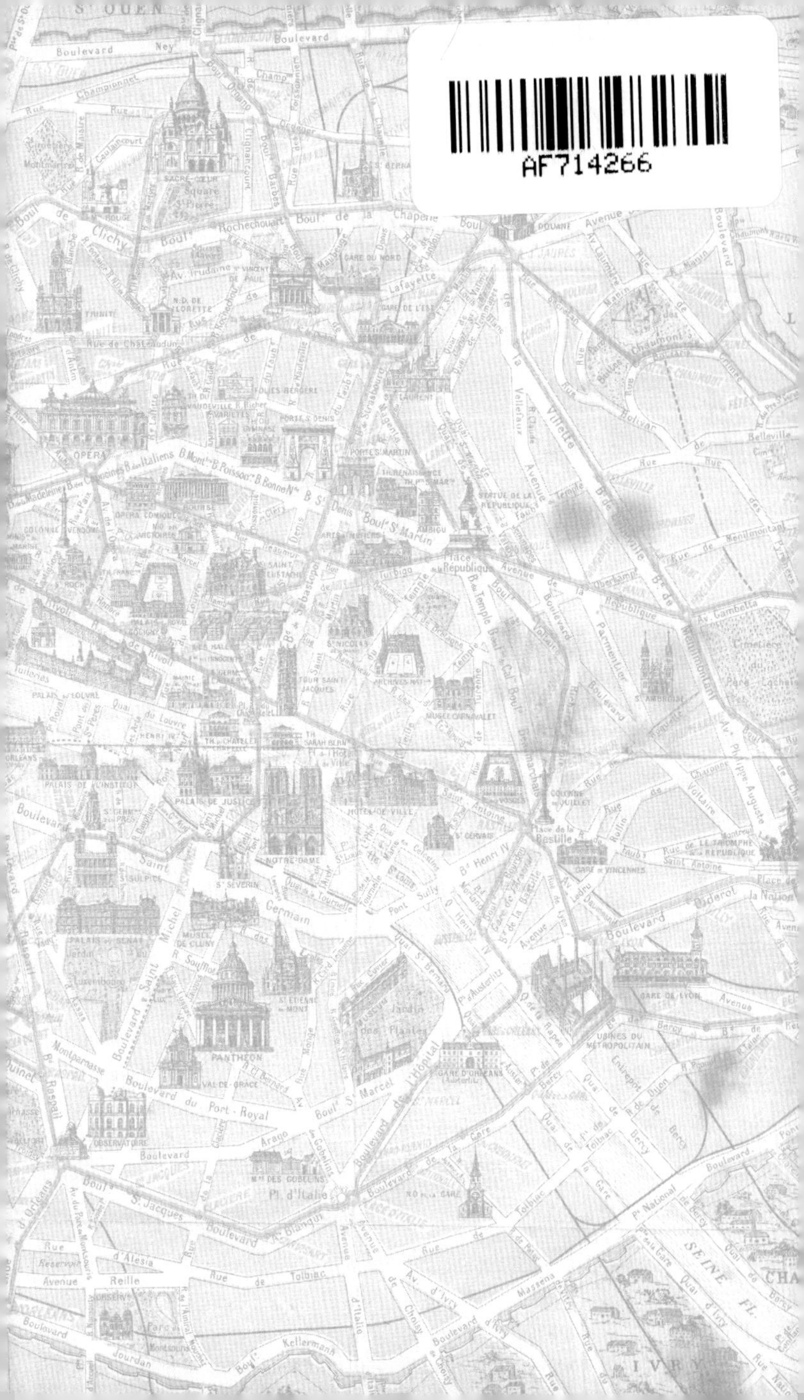
S^T OUEN
Boulevard Ney
SACRÉ-CŒUR
Square St Pierre
Boul^d Rochechouart
Boul^d de la Chapelle
GARE DU NORD
GARE DE L'EST
Lafayette
TRINITÉ
N.D. DE LORETTE
Rue de Châteaudun
OPÉRA
FOLIES BERGÈRE
PORTE S^T DENIS
PORTE S^T MARTIN
B^d des Italiens
B^d Poissonn^re
B^d Bonne N^le
BOURSE
OPÉRA COMIQUE
COLONNE VENDÔME
Boul^d St Martin
AMBIGU
STATUE DE LA RÉPUBLIQUE
Place de la République
Turbigo
Rivoli
PALAIS ROYAL
HALLES
Tuileries
PALAIS du LOUVRE
Quai du Louvre
TOUR SAINT JACQUES
ARCHIVES NAT^les
MUSÉE CARNAVALET
St NICOLAS
PALAIS DE L'INSTITUT
PALAIS DE JUSTICE
NOTRE DAME
HÔTEL DE VILLE
St GERVAIS
COLONNE DE JUILLET
Place de la Bastille
GARE DE VINCENNES
Boulevard
Saint Germain
St SULPICE
St SÉVERIN
PALAIS du SÉNAT
MUSÉE DE CLUNY
PANTHÉON
VAL DE GRÂCE
Jardin des Plantes
GARE D'ORLÉANS
GARE DE LYON
USINES DU MÉTROPOLITAIN
Boulevard du Port Royal
OBSERVATOIRE
M^re DES GOBELINS
Pl. d'Italie
Boul^d St Jacques
Boulevard de l'Hôpital
Rue de Tolbiac
Avenue Reille
Boulevard Jourdan
Boul^d Kellermann
Montparnasse
Belleville
Rue de Ménilmontant
Av. Gambetta
Cimetière du Père Lachaise
Buttes Chaumont
St AMBROISE
Rue de la Roquette
Boulevard Voltaire
Avenue Philippe Auguste
Rue du Faub^g St Antoine
Place de la Nation
SEINE FL.
IVRY

blue notes
102

1924 veröffentlichte der französische Schriftsteller André Breton sein berühmtes »Manifest des Surrealismus«, in den Folgejahren trat die neue künstlerische Bewegung ihren weltweiten Siegeszug an. Zum Kreis der Pariser Künstler um Breton gehörten u. a. Max Ernst, René Magritte, zeitweise Salvador Dalí, sowie Louis Aragon und Paul Éluard, dessen Frau Gala zur Muse der Surrealisten wurde, später zur Frau und Managerin Dalís. Neben den heute weltberühmten und hochgehandelten Künstlern gab es auch zahlreiche fantastische Frauen, die surrealistische Werke von Weltrang schufen und lange im Schatten der großen Männer standen, ja, zum Teil sogar fast völlig in Vergessenheit gerieten. Gabriele Katz lädt ein zu einer faszinierenden surrealistischen Entdeckungsreise und porträtiert elf herausragende Künstlerinnen und ihre wichtigsten Werke: Neben Ikonen wie Frida Kahlo, Meret Oppenheim, Leonora Carrington und Elsa Schiaparelli gilt es so faszinierende Künstlerinnen wiederzuentdecken wie Eileen Agar, Claude Cahun, Leonor Fini, Dora Maar, Kay Sage, TOYEN und Unica Zürn.

Gabriele Katz studierte Kunstgeschichte, Geschichte und Germanistik in Tübingen und Berlin, promovierte in Kunstgeschichte und lebt heute als freie Autorin in der Nähe von Stuttgart. Bei ebersbach & simon erschienen von ihr *Käthe Kruse. Ein Leben* (2015), *Liebe mich! Erich Maria Remarque und die Frauen* (2018) sowie *Künstlerinnen und ihre Häuser* (2020).

Gabriele Katz

Fantastische Künstlerinnen

Von Frida Kahlo bis Unica Zürn

ebersbach & simon

Inhalt

Einführung

Wie Futurismus und Dada verstand sich der Surrealismus nicht als Kunststil, sondern als Lebenshaltung, die schockieren und provozieren wollte mit der Darstellung einer Welt jenseits der Realität. Alles begann in Paris, wo drei junge Literaten Staat, bürgerliche Gesellschaft, Kirche und Moral ablehnten, nachdem diese Institutionen Millionen junger Männer während des Ersten Weltkriegs auf den Schlachtfeldern geopfert hatten. Ihre Ansicht teilten viele Angehörige der »verlorenen Generation«.

Trotz dieser traumatischen Erfahrungen begeisterten sich André Breton, Louis Aragon und Philippe Soupault für die Feier des Bösen, die Isidore Lucien Ducasse unter dem Pseudonym Lautréamont in seinen *Gesängen des Maldoror* – der Aurore du Mal, des Sonnenaufgangs des Bösen –, erschienen 1874, zelebrierte. Auf der Suche nach einer revolutionären Kunst erhoben sie die Theorien zum Unbewussten, die Traumdeutung und das Aufzeichnen freier Assoziationen zum Prinzip. Dabei gingen sie weit über Sigmund Freud hinaus, der das Unterbewusste im Dienste des Bewussten genutzt sehen wollte, indem sie es zur gleichwertigen Instanz erklärten.

Die drei arbeiteten an der Zeitschrift der Dadaisten mit und erfuhren, dass deren zweite Ausstellung in Köln im April 1920 Collagen von Max Ernst zeigte, in denen er die Wirklichkeit neu zusammensetzte. Im Herbst besuchte der französische Dichter Paul Éluard gemeinsam mit seiner Frau Gala den Künstler in Köln und kaufte dessen frühsurrealistische Gemälde *Der Elefant von Celebes* und *König Ödipus*. Folgerichtig zeigte die Pariser Ausstellung *Au-delà de la Peinture* (*Jenseits der Malerei*) 1921 Collagen von Max Ernst, der ein Jahr später nach Paris zog und das erste Gruppenbild der Surrealisten schuf – einzige Frau: Gala Éluard. Ernsts Gemälde *Die schwankende Frau* von 1923 zeigt eine Kreuzung aus Maschine und Mensch und scheint das ambivalente Frauenbild der Surrealisten vorwegzunehmen. Entstanden war das Bild, als Max Ernst sich in Gala verliebte, sich von seiner Frau Luise Straus trennte und in einer Ménage-à-trois mit den Éluards lebte.

Aus Dada wurde Surrealismus. Der Glaube an das Schöne und Wunderbare setzte ein gefährliches Leben zwischen Traum und Albtraum in Gang, mit spiritistischen Sitzungen, *Cadavres Exquis*, konstruiert von mehreren Personen aus Schrift und Bild auf gefaltetem Papier, Alkohol und Drogen. Der Ausnahmezustand als schöpferische Freiheit. André Breton forderte 1924 in seinem ersten Manifest den Ausbruch aus Vernunft und Konvention mit einem reinen psychischen Automatismus, »durch den man mündlich oder schriftlich oder auf jede andere Weise den wirklichen Ablauf des Denkens auszudrücken sucht«. Außerdem träumte er von einem Schloss für die Mitglieder der Gruppe, umgeben von »hinreißend schönen Frauen«.

Die Malerin Marie-Berthe Aurenche war eine hübsche Exzentrikerin, die von den Surrealisten umschwärmt wurde. Max Ernst hatte sie nach einer spektakulären Flucht aus Paris 1927 geheiratet und feierte mit ihr Trennungen und Versöhnungen.

Das Patriarchat, das bürgerliche Modell von Ehe und Familie, lehnten die Surrealisten ab. Sex erklärten sie zum Movens der Welt, den Eros zur subversiven Kraft. Auch das hatten sie von Sigmund Freud gelernt. Ihre Fantasie schuf unheimliche und gefährliche weibliche Wesen, auf Gemälden oder in Collagen und *objets erotiques*. Diese bedrohten die männliche Autonomie und Sexualität, »Mann« musste sich gegen sie wehren, am besten mit seiner Kunst.

La peinture surréaliste (*Die Malerei des Surrealismus*) zeigte im September 1925 in der Galerie von Pierre Loeb Werke von Hans Arp, Max Ernst, Giorgio de Chirico, Joan Miró, Pablo Picasso und Man Ray. 1928 schuf René Magritte das Bild eines Künstlers, der sich eine schöne nackte Frau in die Luft malt, und nannte es *Versuch des Unmöglichen*.

In den »Zwölf Gesprächen der Surrealisten über Sexualität«, die zwischen 1928 und 1932 stattfanden, diskutierten Männer über den weiblichen Orgasmus, ohne dass eine Frau zugegen gewesen wäre: Die Frau als Kopfgeburt des Mannes.

1928 hatte eine zweite Präsentation in der Galerie Au Sacre du Printemps unter Teilnahme von Max Ernst, Francis Picabia, Joan Miró und Yves Tanguy noch gefragt: *Le Surréalisme, existe-t-il?* (*Existiert der Surrealismus?*) Mit dem Erstarken des Faschismus entschied André Breton, dass der Surrealismus, inzwischen zu einer nicht nur europaweiten, sondern weltweiten Bewegung erstarkt, sich politisch engagieren sollte, und schrieb 1930 sein *Zweites surrealistisches Manifest*. 1933 erfolgte nach Hitlers

»Machtergreifung« in Deutschland ein drastischer Einbruch in die surrealistische Welt, und zahlreiche Emigranten trafen in den nächsten Jahren in Paris ein. Darunter wird 1938 auch Hans Bellmer sein, der seit Jahren in Berlin weibliche Puppen aus Holz, Gips, Stoff und künstlichen Haaren fertigte, sie grotesk und brutal zusammensetzte und fotografierte. Breton zeigte die Fotos in der surrealistischen Zeitschrift *Minotaure*. Bellmers Buch erschien in französischer Übersetzung.

Doch auch zahlreiche Frauen schlossen sich der Bewegung des Surrealismus an. Wie gelang es ihnen, sich vom Objekt zum Subjekt zu machen? Welchen Blick warfen sie auf weibliche Sexualität, ihren Körper und weibliche Rollenbilder? Wichtigstes gemeinsames Merkmal aller Künstlerinnen scheint ihr Wille zur Eigenständigkeit.

Leonor Fini und Meret Oppenheim waren jung, standen am Anfang ihrer Karriere und ließen sich auf ein Abenteuer ein, und sie waren starke Individualistinnen: Mutig und kreativ erweiterten und bereicherten sie den Kreis, und zwar um wesentlich mehr als den »weiblichen Blick«. Es entstanden Œuvres von großer Vielseitigkeit: Gemälde, Zeichnungen, Objekte. Leonor Fini drehte in altmeisterlicher Technik das etablierte Verhältnis der Geschlechter einfach um und zeigte passive Männer und mächtige Frauen. Meret Oppenheim antwortete auf das Frauenbild der Surrealisten ebenso scharfsinnig wie humorvoll mit ihrer Pelztasse, eine Ikone.

TOYEN hatte sich bereits in der Kunstszene etabliert, bevor sie in Prag die tschechische Surrealisten-Gruppe mitbegründete. Sie sprach in der männlichen Form von sich, machte Sexualität zu einem Hauptthema ihrer Bilder und wurde allseits verehrt: das perfekte Rätsel, wie es die Surrealisten liebten. Eileen Agar wiederum lebte selbstbewusst und unabhängig im Kosmos ihrer Collagen, *objets trouvés* und amorphen bunten Bildern.

Und auch ein weiteres Medium entdeckten die Surrealistinnen für sich: die Fotografie. Die handliche Kleinbildkamera mit Rollfilm ermöglichte seit der Mitte der 1920er-Jahre schnelles Arbeiten und das Fotografieren ganzer Bildsequenzen. Der Zufall, den die Surrealisten so begeistert feierten, war ein Prinzip der Fotografie, und mitten im Leben, so wie sie es für die Kunst einforderten, stand sie auch. Der amerikanische Fotograf Man Ray entwickelte sich zum Wegbereiter der surrealistischen Bewegung, obwohl er nie der Gruppe beitrat. Claude Cahun und Dora Maar hinterfragten die Reproduktion der Wirklichkeit durch eine surreale Fotografie. Sie schufen Bilder von großer Suggestionskraft, deren Schlüssel zur Enträtselung im Bewusstsein der Betrachtenden liegt. Die offen lesbisch lebende Claude Cahun machte sich auf den Weg zum Androgynen. Dora Maar verblüffte mit Doppelbelichtungen, Nahaufnahmen und Fotocollagen.

Der zunehmende Erfolg der Künstlerinnen blieb ihren männlichen Kollegen suspekt, aber sie konnten ihn nicht ignorieren, und so wirbelte im Sommer 1936 der Surrealismus unter Beteiligung der Frauen über London hinweg: Eileen Agar, Leonor Fini, Dora Maar, Meret Oppenheim und TOYEN stellten in der *International Surrealist Exhibition* in den Burlington Galleries aus, die mit 392 Werken von 58 Künstlern und Künstlerinnen aus 14 Nationen beschickt worden war. Die Zeitungen schrieben schon vorher, mit Kunst habe das Ganze nichts zu tun.

Die in Cornwall geborene Sheila Legge befand sich im Ausstellungskomitee. In einer Performance, die Salvador Dalís ein Jahr zuvor gemalte *Frau mit Rosenhaupt* zitierte, stand sie mit einer Rosenmaske auf dem Kopf am 11. Juni 1936 auf dem Trafalgar Square. Claude Cahun machte Fotos. Das »Surrealist Phantom of Sex Appeal« erregte gewaltiges Aufsehen in der Presse. Dalí malte im Anschluss an die Ausstellung *Der anthropomorphe Kabinettschrank*, eine liegende Frau mit Schubladenkörper – ein Geheimnis, das nur die Psychoanalyse zu enträtseln vermochte. Am 1. Juni 1939 wird schließlich eine Frau mit Rosenkopf, mit Halsketten und Armbändern geschmückt, das Cover der *Vogue* zieren, denn der Meister agierte inzwischen im besten – und lukrativsten – Einvernehmen mit der Modeschöpferin Elsa Schiaparelli, die den Surrealismus – auch gemeinsam mit Eileen Agar und Meret Oppenheim – mit spektakulären Entwürfen popularisierte.

Eine enge Partnerschaft – privat und schöpferisch – entstand, als die junge britische Malerin Leonora Carrington 1937 Max Ernst in London kennenlernte. Sie verliebte sich in ihn, blieb an seiner Seite, schuf ihre Bilder, bevölkert von Fabel- und Traumwesen, und begann zu schreiben.

Unter dem Titel *Fantastic Art, Dada, Surrealism* hatte am 7. Dezember 1936 eine weitere surrealistische Gruppenausstellung ihre Tore im Museum of Modern Art, New York geöffnet. Doch erst 1938 sollte zu einem denkwürdigen Jahr für die Surrealisten werden: In der *Exposition Internationale du Surréalisme*, der großen internationalen Surrealisten-Ausstellung in der Galerie des Beaux-Arts in Paris, wurde die Präsentation selbst zum surrealistischen Ereignis. Ab dem 17. Januar erwartete die Besucherinnen und Besucher im Hof Dalís efeuumranktes *Regentaxi*, in dessen Innern eine weibliche Schaufensterpuppe zwischen Salatblättern und lebenden Schnecken Platz genommen hatte. Eine hölzerne Gliederpuppe saß am Steuer, auf dem Kopf das Skelett eines Haifischmauls. Wasser rieselte herab und durchnässte alles. Weitere sechzehn Schaufensterpuppen bevölkerten die Räume: Die Künstler hatten ihre Häupter mit Wolken umhüllt, ihnen Vogelköpfe aufgesetzt, ihre Busen mit Insektenschutzgitter betont, ihnen Strümpfe angezogen, Fischernetze über sie geworfen. Am Eröffnungsabend sprang eine nackte Schauspielerin, von langen Ketten umwunden, herum, planschte in einem Wasserbecken, verschwand, kam in einem zerrissenen Nachthemd wieder und mimte einen hysterischen Anfall. Die amerikanische Künstlerin Kay Sage besuchte die Ausstellung, begeisterte sich für die menschenleeren Landschaften und Architekturkulissen von Giorgio de Chirico und Yves Tanguy, schloss sich den Surrealisten an und schuf Werke, deren Fokus auf einer monumentalen Architektur liegt. In Mexiko »entdeckte« André Breton Frida Kahlo als surrealistische Künstlerin.

Mit der deutschen Besetzung der französischen Hauptstadt während des Zweiten Weltkriegs brach eine Realität ein, die die Bewegung des Surrealismus entscheidend schwächte. Viele Künstler gingen ins Exil. Nicht nur die Künstlerinnen, alle Frauen erlebten gleichsam eine Rolle rückwärts, sollten ihre Karriere vergessen und sich der Familie widmen. Doch sie schrieben ihre Geschichte weiter.

Als Unica Zürn den Puppenmacher Hans Bellmer 1953 in Berlin traf, begann eine Amour fou der besonderen Art, während der sie das Anagrammdichten lernte und eine feine Zeichentechnik entwickelte, aber psychisch schwer erkrankte. Frida Kahlo erlebte im selben Jahr den späten Triumph einer Einzelausstellung in ihrem Heimatland Mexiko.

1954 starb Claude Cahun auf der Insel Jersey, und Elsa Schiaparelli, vom Zeitgeist des New Look überflügelt, schloss ihr Modehaus. Eileen Agar arbeitete weiter und hatte zahlreiche Einzelausstellungen. Leonor Fini verzückte die Welt mit magischen Frauenbildern und Selbstinszenierungen. Meret Oppenheim hatte nach einer langen Krise zu feministischer Kreativität gefunden. Dora Maar lebte seit dem Ende ihrer Beziehung zu Pablo Picasso von der Welt entrückt. Leonora Carrington spürte in Mexiko den Frauenmythen alter Kulturen nach, webte sie in Bilder, formte sie in Skulpturen. TOYEN, zurück in Paris, illustrierte Bücher und gehörte nach wie vor zum Kreis der Surrealisten um André Breton. Kay Sage verlor ihren Ehemann Yves Tanguy und damit die Freude an der Kunst und am Leben.

Mit Hippiekultur und Drogenästhetik feierte der Surrealismus in den 1970er-Jahren ein Revival. Bis heute ist er eine der populärsten aller Kunstrichtungen geblieben. Die Frauenbewegung der Achtzigerjahre brachte endlich die Künstlerinnen, allen voran Frida Kahlo, zurück ins Bewusstsein der Öffentlichkeit. 2021 würdigte die Schirn in Frankfurt die Surrealistinnen in einer großen Ausstellung. Die 59. Biennale in Venedig übernahm 2022 einen Buchtitel von Leonora Carrington als Motto: *The Milk of Dreams.* Der zentrale Pavillon zeigte Werke von Claude Cahun, Eileen Agar und Leonora Carrington.

Also Vorhang auf für die fantastischen Künstlerinnen!

Claude Cahun: Gender Studies

Wie viele der frühen Surrealisten war Claude Cahun zunächst Schriftstellerin. Ihre in fotografischen Selbstporträts festgehaltenen Performances dienten der systematischen Erforschung ihrer Geschlechtsidentität. Distanziert und Distanz erzeugend beherrschte sie das Bild von sich, stellte sämtliche bürgerliche Stereotypen von Weiblichkeit und deren visuelle Codes selbstbewusst infrage, durchbrach die Geschlechtergrenzen und propagierte ein androgynes Ideal. Gleichzeitig konterkarierte Claude Cahun das Spiel ihrer männlichen Kollegen mit dem weiblichen Körper als Projektionsfläche sexuellen Begehrens.

Fotografieren ließ sie sich auch von ihrer Freundin und Lebenspartnerin Marcel Moore. Manchmal nahmen sich die beiden wechselseitig in den gleichen Szenerien auf. Immer war das entstandene Bild nicht nur Selbstreflexion, sondern auch Teil ihrer Liebesbeziehung: Ich zeige dir, wer ich bin, wer ich *auch* bin. Liebst du mich auch *so*, mit allem, was ich bin?

Spiegelblicke, Verdoppelungen, Überblendungen mehrerer Fotos: Die Frage nach den Vervielfältigungen des Ichs stellen auch Cahuns Fotocollagen. Immer ging es um Grenzen, Vieldeutigkeit, das Eine und sein Gegenteil. Bei ihren dreidimensionalen Objekten baute sie mit der Vertauschung von Größenverhältnissen und dem

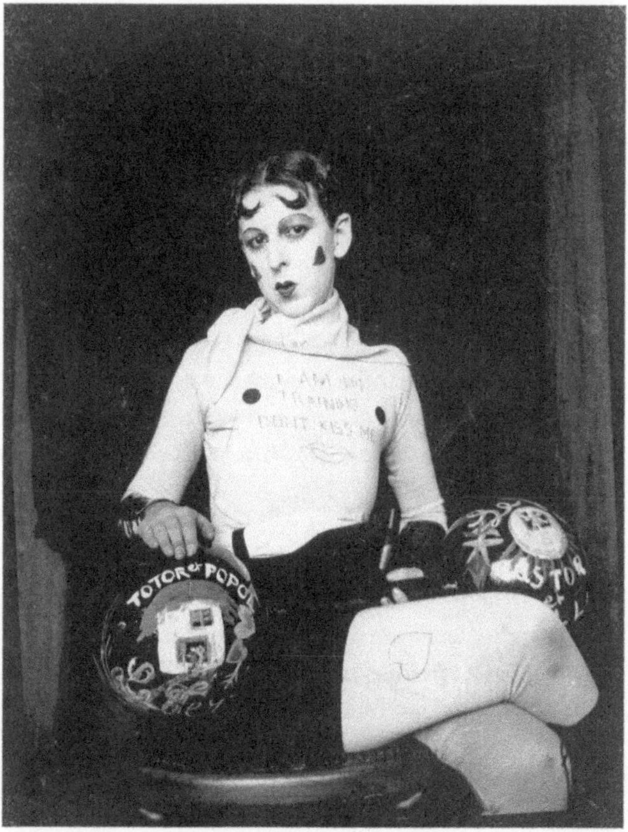

»Alles hängt vom Individuum und seinen Umständen ab.«
Claude Cahun, Selbstporträt, 1927

Zusammenbringen scheinbar unvereinbarer Details neue Realitäten.

Lucy Renée Mathilde Schwob wurde am 25. Oktober 1894 in Nantes in eine wohlhabende jüdische Verleger- und Intellektuellenfamilie geboren. Ihr Vater Maurice gab eine Zeitschrift heraus, ihr Onkel Marcel gehörte zu den Schlüsselfiguren des literarischen Symbolismus in Frankreich. Lucy war noch klein, da erkrankte ihre Mutter Victorine Courbebaisse psychisch, und das Mädchen wuchs bei seiner Großmutter auf. 1907 schickte der Vater Lucy für zwei Jahre auf eine Schule in der englischen Grafschaft Surrey.

Als Maurice Schwob seine spätere zweite Frau Marie Eugénie Malherbe kennenlernte, begannen deren Tochter Suzanne und Lucy sich Briefe zu schreiben. 1914 erschien Lucys Text *Vues et Visions* (*Ansichten und Visionen*), in dem sie in jedem Kapitel zwei gegensätzliche Varianten eines Gedankens formuliert, im von ihrem Onkel mitbegründeten *Mercure de France*. Fünf Jahre später sollte die Buchausgabe mit Illustrationen von Suzanne folgen. Lucy widmete sie der Freundin, die sich bereits seit Längerem Marcel Moore nannte.

1917 verließ Lucy ihr Elternhaus und zog mit Suzanne, inzwischen ihre Stiefschwester, in eine eigene Wohnung in Nantes. Sie schnitt sich die Haare ab, veröffentlichte Texte unter verschiedenen männlichen Pseudonymen und nahm schließlich den geschlechtsneutralen Künstlernamen Claude Cahun an.

Die Dekade nach dem Ende des Ersten Weltkriegs gehörte den »neuen« souveränen Frauen, die alles infrage stellten: Autorität, Sexualität, Identität. Claude und Marcel lebten inzwischen in Paris. In ihrer Atelierwohnung in der Rue Notre-Dame-des-Champs am Montparnasse inszenierten sie ihre Fotos, fertigten Objektinstallationen und riefen einen Künstler- und Literatentreff ins Leben, ähnlich wie der Salon von Gertrude Stein und Alice B. Toklas. Bald gehörten die Freundinnen zum lesbischen und politischen Netzwerk der Stadt. Sie hatten Kontakt zu den intellektuellen Frauen der Rive Gauche, des linken Seineufers. In einer der Buchhandlungen von Adrienne Monnier und Sylvia Beach lernte Cahun den Surrealisten Philippe Soupault kennen. Außerdem freundete sie sich mit dem Dichter und Maler Henri Michaux an und schrieb in seiner Zeitschrift *Le Disque vert* einen Beitrag über Träume.

Ihre Novellensammlung *Héroïnes* (*Heldinnen*), eine feministisch-ironische Deutung mythischer und mythologischer Frauengestalten, erschien 1925. Im selben Jahr schrieb sie in der Zeitschrift *L'Amitié*: »Meine Ansicht über die Homosexualität und die Homosexuellen ist genau die gleiche wie meine Meinung über die Heterosexualität und die Heterosexuellen: Alles hängt vom Individuum und seinen Umständen ab. Ich trete für eine allgemeine Freiheit der Sitten ein.«

Claude intensivierte ihre Selbstporträts. Ihr weiblicher Körper wurde zum Kampfplatz: »Ich lasse mir den Kopf kahl scheren, die Zähne ziehen, die Brüste entfernen. Alles, was meinen Blick stört oder beunruhigt.« Das tat sie, mit Ausnahme der Haare, nicht, aber sie warf in ihren Werken einen Blick in einen magischen Spiegel: Claude ist der betont lässige Matrose, der, eine Mütze auf dem Kopf, in Breitcordhosen und voluminösem Strickpullover dasteht, mit den Händen in den Hosentaschen. Im schwarzen Herrenanzug stemmt sie die Hand burschikos in die Hüfte, das Gesicht ist von tiefer Trauer erfüllt. Als Gewichtheber auf der Kirmes warnt sie im nostalgischen Sportdress mit weißen Strümpfen, weiß geschminktem Gesicht und Schmachtlocken in der Stirn: I AM IN TRAINING DON'T KISS ME. Der Buddha im Lotussitz mit Mützchen auf dem Kopf trägt zahlreiche lange Ketten um den Hals.

Legt Claude Cahun die Masken des Weiblichen an, so sind dies Zopfperücke und Dirndl, um den Kopf geschlungene Tücher, fließende Abendkleider und Wasserwellen, starkes Make-up und große Perlen. Der finster dreinblickende Teufel mit Flügeln aus Silberpapier aus dem Jahr 1929 steht über den Geschlechtern. Die Bilder mit kahl rasiertem Kopf im schwarzen Unterhemd zeigen die Wehrlosigkeit des aller Attribute entkleideten Ichs. Auch in einer Reihe von Aktfotos von 1930 erscheint sie geschlechtslos, eine Neuschöpfung, ihre eigene Schöpfung. Auf Performance-Fotos von 1932 ragt ihr nackter Arm aus einem Steinpfeiler. Der Körper bleibt unsichtbar.

Gibt es keine Freude in einer erwachsenen Rolle, dann schon gar nicht in der des Kindes: Wenn Claude im kurzen Kleidchen und mit großen Schleifen in den Zöpfen 1932 im untersten Fach eines Wäscheschranks schläft, ist sie eingesperrt, vergessen? Manchen Spiegelbildern wurde gar Gewalt angetan, dem grotesk verzerrten Schädel etwa oder wenn Grimassen das Gesicht entstellen. Sie war sich sicher, man muss sich anders wahrnehmen, um zu werden, wer man ist. »Unter dieser Maske ist eine andere Maske. Ich werde niemals aufhören, alle diese Gesichter abzuziehen«, schrieb sie zu einer 1928 entstandenen Porträtserie. Ein einziges Foto daraus hat sie publiziert, in der Zeitschrift *Bifur* unter dem Titel *Frontière humaine* (*Menschliche Grenze*). Ansonsten zeigte sie ihre Fotos nur im kleinen Kreis. Da gab es eine Scheu, die sie »Dilettantismus« nannte, mit der sie sich wohl aber zu schützen suchte. Leben können musste sie von ihrer Kunst nicht. Ende der 1920er-Jahre spielte Cahun im Ensemble des surrealistischen Theaters von Pierre Albert-Birot, war dort als Kostüm- und Maskenbildnerin tätig.

Da hatte sie bereits zehn Jahre lang mit Marcel Moore an *Aveux non avenus* (*Nichtige Geständnisse*) gearbeitet, einer Erzählung zwischen Selbstdarstellung und Selbstverschleierung, einem Text, der sich selbst aufhebt. Gedichte, Notizen, Gespräche, Aphorismen. Subjektive und objektive Perspektive, Experimente mit mehreren Sprachen. Traumprotokolle, Visionen vom Anders-Sein. Konstruktion und Dekonstruktion des Ichs. Cahun schreibt: »Männlich? Weiblich? Das hängt von der Situation ab. Das Neutrum ist das einzige Geschlecht, das immer zu mir passt.« Das Rätsel der Existenz. Marcel illustrierte es mit den ersten Fotomontagen: übereinander montierte Selbstporträts der Freundin, Augen, Hände, ein Fötus im Mutterleib, dem Prinzip des Unbewussten und des Zufalls huldigend. Ein surrealistisches Werk par excellence.

Claude Cahun unterstützte die kommunistische *Internationale Vereinigung revolutionärer Schriftsteller* und lernte André Breton und Max Ernst kennen. Von der Gruppe distanzierte sie sich, nachdem die Trotzkisten und damit Breton ausgeschlossen worden waren. Die Freiheit der Kreativität gegenüber der Politik eines Louis Aragon verteidigte sie in *Les Paris sont ouverts* (*Die Wetten sind eröffnet*).

André Breton, bekannt für seine Homophobie, akzeptierte Cahun. »Sie wissen ganz genau, dass ich Sie für einen der (vier oder fünf) kuriosesten Köpfe unserer Zeit halte, und dennoch hüllen Sie sich nach Lust und Laune in Stillschweigen.« Claude war auch mit Bretons Frau Jacqueline Lamba befreundet, und sie hatte Kontakt zu Dalí. »Seine Bilder lösten sinnliches Wohlgefallen in mir aus.«

1935 gehörte Claude Cahun mit André Breton und Georges Bataille zu den Gründungsmitgliedern der antifaschistischen Künstlergruppe Contre-Attaque. Selbstporträts entstanden nur noch vereinzelt. Inzwischen trat sie mit surrealistischen Objektfotografien in die Öffentlichkeit: Eine Frauenschuhblüte, in die sie mehrere Babypuppen setzte. Eine kleine Gliederpuppe aus Holz, wie Künstler sie für Bewegungsstudien benutzen, mit einer langen Haarsträhne umwickelt, unter einem Glassturz, ein Bild für die gefangene weibliche Existenz. Das eigene Ich im fotografischen Porträt, wieder unter Glas, fassbar für einen kurzen Moment.

Im Juni 1933 hatte es in der Ausstellung der Galerie Pierre Colle zwei Premieren gegeben: Zum ersten Mal wurden auch surrealistische Objekte ausgestellt, und zwei Künstlerinnen, Marie-Berthe, die Frau von Max Ernst, und Gala Dalí nahmen teil. Als André Breton 1936 die *Exposition surréaliste d'objets* für die Galerie Charles Ratton kuratierte, nahmen vier Künstlerinnen – unter ihnen Claude Cahun – teil. Ihr Werk *Familiäre Stimmung* bestand aus einem Bett mit weißem Betthimmel, von einem Brautkranz gekrönt. Eine verstörende Botschaft auf einem Plakat in Kinderschrift spricht von einem Engel, Hunger und Gefahr. Außerdem »durfte« sie als einzige Frau einen

Beitrag zur Ausstellung in der Sondernummer der *Cahiers d'Art* publizieren. *Prenez garde aux objets domestique – Gebt Acht auf die Haushaltsgegenstände*, überschrieb sie ironisch ihren Text, den sie mit Fotografien illustrierte. Im selben Jahr begleitete Cahun Breton nach London zu der Surrealisten-Ausstellung, wo sie das »Surrealist Phantom of Sex Appeal« fotografierte. Ausgestellt hat sie nicht.

Nachdem Claude 1937 einen Gedichtband von Lise Deharme mit zwanzig Fotos illustriert hatte, zog sie sich mit ihrer Lebensgefährtin auf die Kanalinsel Jersey zurück, wo sie am Ferienort ihrer Kindheit, der St. Bredlade's Bay, das Landgut La Rocquaise erworben hatte.

Die deutsche Wehrmacht marschierte am 1. Juli 1940 auf Jersey ein. Vom ersten Tag an schrieben Claude Cahun und Marcel Moore Flugblätter mit Desertationsaufrufen auf Deutsch, gestalteten Plakate, bereiteten Aktionen vor, organisierten unter Einsatz ihres Lebens den Widerstand gegen die Besatzer. Sie unterzeichneten mit »Der namenlose Soldat«. Vier Jahre lang schlüpften sie in die schwarzen Kleider schwächlicher alter Damen – ihre mutigste Maskerade. Am 25. Juli 1944 wurden die beiden verhaftet. Die Gestapo plünderte ihr Haus und zerstörte das Fotoarchiv und große Teile ihres Werks. Das Todesurteil wegen Wehrkraftzersetzung erging am 16. November 1944. Am 16. Februar 1945 erfolgte die Begnadigung, sie blieben jedoch inhaftiert. Nach Kriegsende kamen sie frei.

Cahun arbeitete ihre im Gefängnis gemachten Notizen aus und schrieb an einer Autobiografie. Gemeinsam mit ihrer Lebensgefährtin wollte sie nach Paris zurückkehren. Sie erholte sich jedoch nicht mehr von den Strapazen der Haft und blieb auf der Insel.

Ein spätes Foto zeigt eine lässig-elegant gekleidete Dame in Trench und Tweed-Hosen mit einem Seidenkarree als Kopftuch um die blonden Locken in der Tür ihres Hauses. Den Aufnäher aller Uniformen der deutschen Wehrmacht, bestehend aus dem »großdeutschen« Adler und darunter dem »Hakenkreuz im Ehrenkranz«, hält sie zwischen den Zähnen. Am 8. Dezember 1954 starb Claude Cahun in St. Hélier auf Jersey.

Wiederentdeckt wurde Cahuns fotografisches Werk in den 1980er-Jahren. Die Gegenwart feiert die Fotografin, Autorin, Objektkünstlerin und politische Aktivistin aufgrund ihrer Selbstbildnisse als queere Ikone.

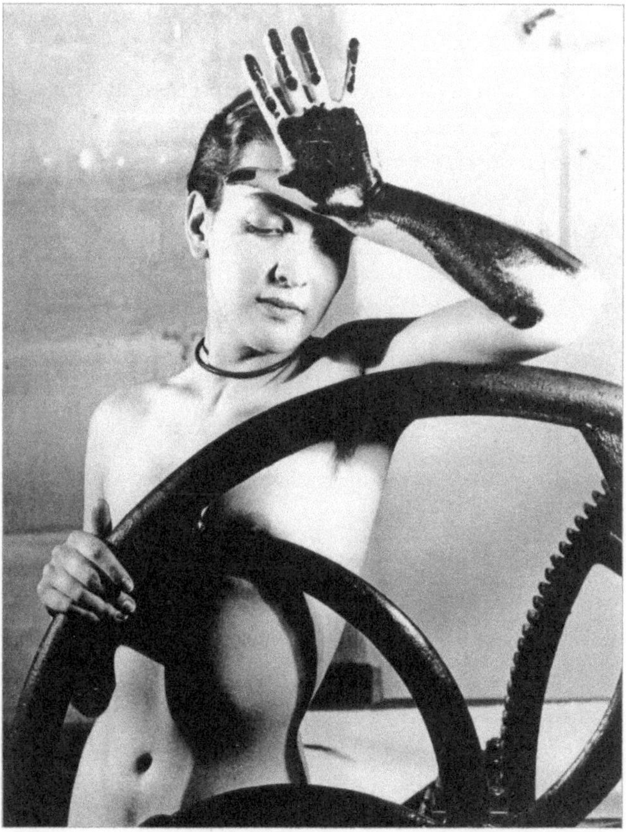

»Die Freiheit wird einem nicht gegeben,
man muss sie sich nehmen.«
»Erotique Voileé«: Meret Oppenheim,
porträtiert von Man Ray, 1934

Meret Oppenheim: Galionsfigur des Feminismus

Sie ist heute eine der bekanntesten Künstlerinnen überhaupt. Der Grundstein zu ihrem Mythos wurde in den Jahren 1933 bis 1937 in Paris gelegt. Dafür genügten eine Pelztasse, zu einem Schlüsselwerk des 20. Jahrhunderts erhoben, sowie ein Aktfoto, das Man Ray von ihr machte.

Meret Oppenheim fasziniert, ist Projektionsfläche für vielfältige Fantasien: Den einen scheint sie als die Künstler-Muse, die Männerträume wahr werden lässt, den anderen als die starke intellektuelle Frau, nicht auf ihr Äußeres zu reduzieren, sondern die eine kompromisslos emanzipatorische Haltung lebt, wieder anderen ist sie *die* Objekt-Künstlerin. Eher in den Hintergrund tritt die Zeichnerin und Malerin, die Poetin Meret Oppenheim.

Bereits als junge Frau griff sie die alte misogyne Debatte auf, Frauen hätten kein Genie und wären daher nicht fähig, Kunst hervorzubringen. Ein Vorwurf, der im wahrsten Sinne des Wortes bis zu Adam und Eva zurückgeht, zum Schöpfungsbericht des Alten Testaments, zur angeblichen Nachrangigkeit der aus der Rippe Adams geschaffenen Frau, ihrer Bereitschaft zum Sündenfall und der daraus resultierenden Hauptschuld an der Vertreibung aus dem Paradies. Große Kunst, da war Meret Oppenheim sich sicher, ist immer männlich *und* weiblich.

So schuf die Künstlerin ein komplexes, von Umbrüchen

und Experimenten, Zufällen und Träumen geprägtes Werk. Malerei verwandelte sich in Dichtung, Mode oder Schmuck in ein Objekt, Zeichnungen in Möbel. Oppenheim kam der Forderung nach der romantischen Universalpoesie ganz nahe: »Es sind die Künstler, die träumen für die Gesellschaft.«

Die Tochter des jüdischen Arztes Erich Alfons Oppenheim und der Schweizerin Eva Wenger erblickte am 6. Oktober 1913 in Charlottenburg das Licht der Welt. Ihren Namen verdankte sie Gottfried Kellers Meretlein im *Grünen Heinrich*.

Während des Ersten Weltkriegs hielt sich Meret mit ihrer Mutter in Delémont im Berner Jura auf, nach dem Krieg lebte die Familie – inzwischen hatte sie zwei Geschwister – in Steinen im Landkreis Lörrach. Durch ihre Großmutter mütterlicherseits, die bekannte Malerin, Kinderbuchautorin und Frauenrechtlerin Lisa Wenger, kam sie früh in Kontakt zu Intellektuellen und Kunstschaffenden. Ihr Großvater väterlicherseits war Verleger. 1930 löste sie in einem Schulheft eine mathematische Gleichung mit »X = Hase«. Den gezeichneten Hasen malte sie in Rot aus. Mit achtzehn Jahren beschloss sie, Malerin zu werden. Das in dem Jahr entstandene satirische Aquarell *Votivbild* (*Würgeengel*) lehnt den Muttermythos ebenso radikal ab wie die spätere Tuschezeichnung *Ein Knabe mit Flügeln saugt an der euterförmigen Brust einer Frau* (1933).

Niemand in der Familie hatte etwas gegen Merets künstlerische Ambitionen, also brach sie ihre Schulausbildung ab und reiste mit der Freundin Irène Zurkinden nach Paris. Sie studierte kurze Zeit an der Académie de la Grande Chaumière. Schon 1933 wurde sie von Alberto

Giacometti und Hans Arp eingeladen, im Salon des Surindépendants auszustellen. Die beiden machten sie auch mit den Surrealisten bekannt, und sie wurde Mitglied der Gruppe.

Meret Oppenheim trug das Haar kurz und liebte Herrenanzüge mit Hemd und Krawatte. Männerkleidung, um den Zwängen der sozial definierten Weiblichkeit zu entkommen – das war ein Thema der Epoche: Marlene Dietrich, Frida Kahlo oder TOYEN kleideten sich ebenso.

Durch die 1933 entstandene Fotografie von Man Ray avancierte Meret als nackte, knabenhafte Schönheit mit geschwärzter Hand an der Druckmaschine im Atelier des Malers Louis Marcoussis zur »Muse der Surrealisten«, zur Kindfrau, ein Objekt männlicher Blicke und Begierden. Die surrealistische Zeitschrift *Minotaure* zeigte das Foto unter dem Titel *Erotisch verhüllt*, aber in seiner Brisanz zurückgenommen, der phallusartige Holzgriff war wegretuschiert.

Mit Max Ernst, seit 1926 von seiner Frau Luise Straus geschieden, seit 1927 mit Marie-Berthe Aurenche verheiratet, hatte Meret seit dem Herbst 1933 eine Affäre, die sie abrupt beendete. Bei einem Treffen in einem Café im Herbst 1934 »sagte ich aus ›heiterem Himmel‹, auch aus dem heiteren Himmel meiner Liebe zu ihm: ›Ich will dich nicht mehr sehen.‹ Max Ernst war völlig konsterniert und schwer verletzt.« Erst später wurde ihr klar, dass diese Entscheidung, völlig unerwartet und unbewusst getroffen, eine Lebensentscheidung gewesen war: »Ein weiteres und immer engeres Zusammenleben mit Ernst, einem fertiggebildeten Künstler, hätte mich gehindert, mein eigenes Leben zu leben, meine eigene Persönlichkeit zu bilden. Es wäre das Ende dessen gewesen, was ich als mein in der Zukunft zu realisierendes Werk voraussah.«

Merets finanzielle Situation gestaltete sich derweil immer schwieriger. Ihr Vater hatte seine Praxis in Steinen aufgeben und sich in die Schweiz zurückziehen müssen. Dort durfte er als Deutscher nicht arbeiten. Um sich selbst zu finanzieren, entwarf Meret Mode und Schmuck, surreale Objekte zum Anziehen oder An-den-Arm-Hängen. Einige der Entwürfe zeugen von ihrem schwarzen Humor: *Chapeau pour trois personnes*, ein Hut, von drei Frauen gleichzeitig zu tragen. Oder *Chapeau de plage*, ein Hut für den Strand, wo er vom Wind zu einer weißen Wolke aufgebläht werden soll. Ein Gürtel, der zwei Frauenhände aneinanderfesselt. Und schließlich ein Lippenstift, der pfeifen kann: *Singsing*.

Doch nur ein einziges Mal verkaufte sie einen Entwurf: einen pelzüberzogenen Armreif an das Haute-Couture-Haus Schiaparelli. Er gehört zur Geschichte der Pelztasse. Die begann Anfang 1936, als Meret Oppenheim eines Tages mit ihrer Freundin Dora Maar und deren Geliebten Pablo Picasso im Café de Flore saß. Sie trug den besagten Armreif. Alle bewunderten das Stück. Picasso warf anspielungsreich und vielleicht etwas abschätzig in die Runde, man könne eigentlich alles mit Pelz überziehen, und Meret erwiderte: »Auch diese Tasse und diesen Teller hier vor mir?«

Sie ließ den Worten Taten folgen und erstand in einem Monoprix-Kaufhaus eine Tasse aus hellgelbem Porzellan nebst Untertasse und Löffel. Alle drei Teile bezog sie mit dem Fell einer chinesischen Gazelle. Für die Außenseite verwendete sie das helle Bauchfell, für das Tasseninnere, die Untertasse und den Löffelstiel das dunklere Oberfell. Auf den ersten Blick nutzlos. Auf den zweiten Blick eine Chiffre für die Frau, die in der Tradition männlichen Denkens stets nur ein Gefäß darstellte.

Meret Oppenheim war überzeugt: »Jeder Einfall wird geboren mit seiner Form. Ich realisiere die Ideen, wie sie mir in den Kopf kommen. Man weiß nicht, woher die Einfälle einfallen; sie bringen ihre Form mit sich, so wie Athene behelmt und gepanzert dem Haupt des Zeus entsprungen ist, kommen die Ideen mit ihrem Kleid.«

Als Breton für die Galerie Charles Ratton die erste berühmt gewordene Ausstellung surrealistischer Objekte zusammenstellte, bat er vier Künstlerinnen um ihre Mitwirkung, unter ihnen Meret Oppenheim. Die hatte ihr pelziges Ensemble schlicht *Objekt* getauft, Breton nannte es nun aber anspielungsreich *Frühstück im Pelz*. Dieser Name brachte mehrere Assoziationen mit sich, die aus dem Bereich der Männerfantasien stammten: Zum einen das sehr private Porträt, das Peter Paul Rubens von seiner Ehefrau Helene Fourment um 1636/38 gemalt hatte, genannt *Das Pelzchen*, ein Frauenakt, teilweise umhüllt von einem Nerzmantel auf einem roten Teppich. Zum anderen die Skandal-Novelle von Sacher-Masoch *Venus im Pelz* aus dem Jahr 1870. Warum aber *Frühstück im Pelz*? Breton erinnerte damit an Édouard Manets *Frühstück im Grünen* aus dem Jahr 1863, das eine nackte Frau und zwei bekleidete Männer beim Picknick zeigt und bei seiner Präsentation Stürme bürgerlichen Protests ausgelöst hatte. Also die dritte Männerfantasie.

Max Ernst schlug auf der Einladungskarte zur ersten Einzelausstellung von Meret Oppenheim im April 1936

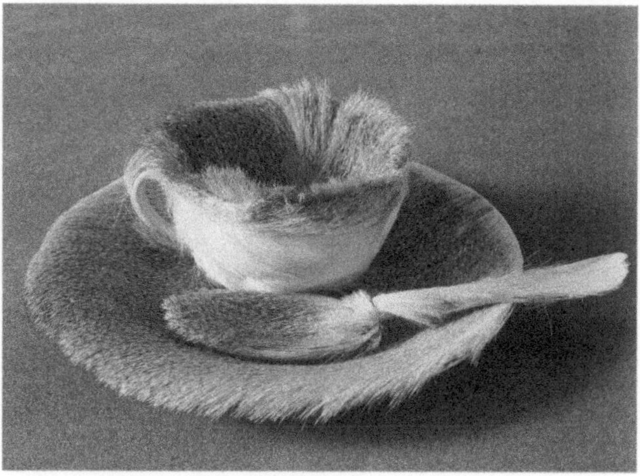

Der Inbegriff des Surrealismus:
Meret Oppenheim, »Déjeuner en fourrure«, 1936

in der Galerie Schulthess in Basel zwar noch einen raunend verniedlichenden Märchenton an: »Wer überzieht die Suppenlöffel mit kostbarem Pelzwerk? Das Meretlein. Wer ist uns über den Kopf gewachsen? Das Meretlein.« Doch die Pelztasse wurde zur Sensation der Pariser Ausstellung surrealer Objekte im Mai 1936 und glänzte auf der Londoner *International Surrealist Exhibition* von Mitte Juni bis Anfang Juli. Hans H. Barr kaufte sie für das Museum of Modern Art New York. Bis heute gehört sie zu den Inkunabeln der Sammlung und wird so gut wie nie ausgeliehen. Im Winter 1936/37 präsentierte das MoMA seine Neuerwerbung in der großen Ausstellung *Fantastic Art, Dada, Surrealism*, die mit 157 Künstlerinnen und Künstlern einen Bogen vom 15. Jahrhundert bis in die Gegenwart schlug. Rückblickend erinnerte sich Barr: »Die Spannung und Erregung, die dieses Objekt bei Zehntausenden von Amerikanern auslöste, drückte sich in Wutausbrüchen, Gelächter, Ekel und Entzücken aus.«

Binnen eines Jahres war die Pelztasse zum Inbegriff des Surrealismus geworden und Meret Oppenheim ein Star. Mit 23 Jahren hatte sie angeblich einen erotischen Fetisch geschaffen, dessen Eigenleben sie nicht mehr aufhalten konnte. Noch vier Jahrzehnte später nannte sie selbst das Kunstwerk hingegen »ein Ding unter anderen«. Stets wies sie darauf hin, dass sie gleichzeitig weitere gute Objekte geschaffen habe, zum Beispiel *Die Pelzhandschuhe* oder *Mein Kindermädchen*, ein Paar hochhackige weiße Damenpumps, in Art eines dressierten Hühnchens mit zarten Papiermanschetten garniert und auf einer Servierplatte angerichtet. Ein Sinnbild für die Fesseln weiblicher Rollenerwartung, geistreich, bitter, klug, treffsicher. Bei ihrem Gemälde *Steinfrau* (1938) steigert sich diese Einengung bis zur Leblosigkeit.

In einer Fernsehdokumentation von 1967 »trank« Meret Oppenheim anlässlich einer Retrospektive im Moderna Museet in Stockholm schließlich aus ihrer Pelztasse. Endlich hatte sie den spielerischen Abstand zu diesem Erfolg und seinen Folgen gefunden. Anfang der 1970er-Jahre feierte sie die Pelztasse ironisch als *Souvenir*: ein Tassenumriss aus Kunstfell auf einer Art Tablett aus Brokat, mit Blümchen dekoriert, in verschiedenen Farben unter einem Glasdeckel.

Zunächst aber litt sie unter dem Erfolg der Pelztasse ebenso wie unter den politischen Gegebenheiten. Sie trat 1937 aus der Gruppe der Surrealisten aus, verließ Paris und lebte in Basel, nahm Kontakt zur Gruppe 33, einem Zusammenschluss antifaschistischer Künstler, auf und ließ sich zur Restauratorin ausbilden. Mit ihrer engen Freundin Leonor Fini und Max Ernst beteiligte sich Meret Oppenheim zwar noch 1939 an einer Ausstellung mit fantastischen Möbeln in Paris. Ihr *Tisch mit Vogelfüßen* besteht aus feingliedrigen Bronzebeinen, die eine vergoldete Holzplatte tragen, auf der die Vogelfüße wie im Schnee ihre Spuren hinterlassen haben. Und 1940 und 1941 entstanden dunkel-poetische Bilder wie *Die Erlkönigin* oder *Einige der ungezählten Gesichter der Schönheit*. Doch sie steckte in einer persönlichen und künstlerischen Krise.

1945 lernte Meret Oppenheim Wolfgang La Roche kennen und folgte ihm drei Jahre später nach Bern. 1949 heirateten die beiden. Im Jahr 1954 wurde die Welt für Meret wieder licht. Da verschwanden »all die inneren Probleme, mit denen ich so lange gekämpft hatte, von einem Tag auf den anderen.« Sie begann intensiv an Ideen aus der Pariser Zeit zu arbeiten: *Das Paar* (1956) lautete der Name an den Spitzen aneinandergeklebter Stiefeletten, zum ewigen Kuss vereint oder gezwungen, vielschichtig wie die Pelztasse und *Mein Kindermädchen*. Außerdem nahm die Künstlerin wieder regelmäßig an Ausstellungen teil.

Bei der *Exposition Internationale du Surréalisme* (*EROS*) 1959/60 in der Galerie von Daniel Cordier in Paris zeigte Meret Oppenheim *Festmahl auf Mannequin*: ein liegender Frauenkörper, dekoriert mit Hummer, Austern, Bananen und anderen erotisierenden Lebensmitteln, also »angerichtet« und konsumierbar. Weder die Ausstellung noch die Umsetzung ihres Beitrags gefielen der Künstlerin. Sie distanzierte sich daraufhin noch einmal von den Surrealisten.

Der Feminismus blieb zentrales Thema ihres künstlerischen Schaffens. Die *Urzeit-Venus* von 1933/1962 besteht aus einem Terrakottagefäß, aus dem ein Strohbüschel ragt. Ihr folgten noch mehrere Ur-Frauen, bis hin zur Schlange. »Man sollte daran denken, dass es Eva war, die zuerst vom Apfel am Baum der Erkenntnis, also des bewussten Denkens, gegessen hat«, sagte die Künstlerin in ihrer Dankesrede zum Basler Kulturpreis 1974.

Dem surrealistischen Prinzip, das Verborgene sichtbar zu machen, folgt *Röntgenaufnahme meines Schädels* aus dem Jahr 1964. Gleichzeitig ist es ein Memento mori von barocker Radikalität: »Ich weiß, dass ich sterblich bin.«

Mit der neuen Frauenbewegung schien Androgynie als ein den Geschlechterdualismus überwindendes Emanzipationskonzept zum ersten Mal seit der literarischen Romantik wieder diskussionswürdig. Oppenheim entwickelte die utopische Vorstellung einer »Androgynie des

Geistes« als Ansatz gesellschaftlicher Veränderung. Zunächst aber ging es ihr darum, dass Frauen die gesellschaftliche Geringschätzung ihrer Weiblichkeit überwanden und ihre künstlerischen Begabungen annahmen und entfalteten.

Abendkleid mit Büstenhalter-Collier aus dem Jahr 1968 zeigt den Torso einer Schaufensterpuppe mit langem Rock und einem Collier, dessen Enden wie die Klipse von Hosenträgern oder Strumpfhaltern in die Brustwarzen schneiden. »Die Freiheit wird einem nicht gegeben, man muss sie sich nehmen«, resümierte Meret Oppenheim ihre eigene Biografie. Am 15. November 1985 starb sie in Basel an einem Herzinfarkt. Sie blieb bis heute Ikone mit Vorbildfunktion für junge Künstlerinnen und Künstler.

Seit 1983 steht in Bern auf dem Waisenhausplatz ihr Brunnen, bestehend aus einer Betonsäule, an der in Blechrinnen spiralförmig Wasser herabfließt. Moose und Gräser haben sich dort angesiedelt, und das kalkhaltige Wasser lässt große Tuffsteingebilde entstehen. Im Winter hüllen lange Eiszapfen wie ein kostbares Spitzenkleid den Brunnen ein.

Dora Maar: Licht und Schatten

Sie war eine unglaublich vielseitige, eindringliche und kommerziell höchst erfolgreiche Fotografin, bevor sie sich den Surrealisten anschloss. Gerade diese Unabhängigkeit brachte sie dem Ideal der Gruppe nahe: die Fremde, Geheimnisvolle, Mysteriöse. Dora Maar experimentierte wie keine Zweite kreativ mit der Fotografie. *Ubu* – eines der großen Rätsel des Surrealismus.

Die Begegnung mit Pablo Picasso im Frühjahr 1936 sollte dann ihrem Leben eine völlig andere Richtung geben: Er nahm sie in den Reigen seiner Geliebten und Musen auf, verwob sie in seine Legende, erreichte, dass sie die Fotografie zugunsten der Malerei aufgab, und machte sie als *Weinende Frau* zum Gesicht einer Epoche und damit unsterblich. Nach dem Ende der Beziehung saß Dora Maar auf den Trümmern ihrer psychischen Existenz und verweigerte sich der Welt.

Henriette Theodora Markovitch wurde am 22. November 1907 in Tours geboren. Ihr kroatischer Vater Josip Marković arbeitete als Architekt, ihre Mutter Louise Julie Voisin war Französin. 1910 zog die kleine Familie nach Buenos Aires. Sechzehn Jahre später kehrten sie nach Paris zurück. Ein Jugendfreund erinnerte sich an Theodora im schwarzen Seidenkleid: »Das war fast ein Skandal! So was trug ein junges Mädchen nicht!«

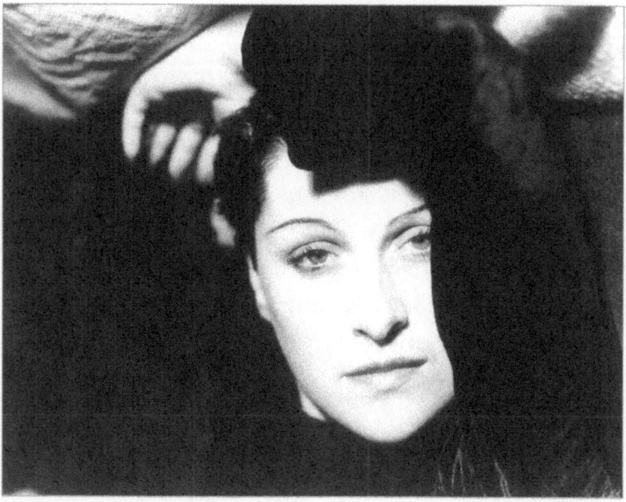

Dora Maar, porträtiert von Man Ray, 1936

Der Drehbuchautor Louis Chavance führte Dora in die Pariser Cafés: das Dôme, La Rotonde und Deux Magots. Dort versammelten sich alle, die in Paris mit Kunst zu tun hatten, und das waren viele: Dichterinnen, Maler, Exzentrikerinnen, Philosophen. Dora trug das Haar inzwischen kurz wie die Garçonne im gleichnamigen Roman von Victor Margueritte aus dem Jahr 1922, Leitbild einer ganzen Generation.

1926/27 begann sie ein Studium an der Union centrale des Arts Décoratifs und der Académie Julian, und sie besuchte die Malschule von André Lhote, an der sie Henri Cartier-Bresson traf. Mit dem später renommierten Fotografen und Gründer der Fotoagentur Magnum verband sie bald eine Freundschaft. Beide gaben die Malerei zugunsten der Fotografie auf.

In diesem neuen, künstlerischen Medium arbeiteten, anders als in den klassischen Bereichen, Männer und Frauen gleichberechtigt. Frauen machten Mode- und Straßenfotografie, reisten als Fotoreporterinnen. Die Kleinbildkameras von Kodak und Leica passten in jede Handtasche.

Im Dezember 1923 hatte Emmanuel Radnitzky, der sich Man Ray nannte, sein Fotostudio in der Rue Champagne-Première am Montparnasse eingerichtet. Bereits in den USA hatte er mit Licht und Schatten experimentiert, mit verschiedenen Verschlusszeiten und unterschiedlichen Entwicklungstechniken und sich mit dem Fotografen Alfred Stieglitz und dem Maler Marcel Duchamp angefreundet. Im Juli 1921 kam Man Ray mit dem Schiff in Le Havre an. Im Kreis um Louis Aragon, Paul Éluard und André Breton stellte er Objekte aus. Um sich zu finanzieren, begann Man Ray mit der Porträtfotografie und schuf Modefotos für Paul Poiret. Bald besuchte jeder, der zur Avantgarde gezählt werden wollte, sein Atelier, ließ sich von ihm fotografieren. Berenice Abbott arbeitete als seine Assistentin. Marianne Breslauer machte er Mut. Ilse Bing beschäftigte sich gleichzeitig wie er und Lee Miller mit der Solarisation. Dora Maar studierte inzwischen an der École de Photographie de Paris, interessierte sich für Bauhaus-Fotografie und den Konstruktivismus. Sie fragte Man Ray, ob sie bei ihm arbeiten könne. Der lehnte ab, erklärte sich aber bereit, sie fachlich zu unterstützen. Und er machte wundervolle Porträts von ihr.

Einen Lehrer und Förderer fand Dora in Emmanuel Sougez: Ein Wasserglas, gefüllt mit Weintrauben, die Trauben im Wasser, die Trauben über dem Wasser. Links davor ein Teller mit dem Gerippe einer Traubendolde, alles auf einer weißen Tischdecke. Licht und Schatten, schimmernde Fülle und grafische Linie und alles in Schwarz-Weiß. Perfekt! Ihm verdankte die junge Fotografin erste Aufträge.

Paris, regennasse Straßen, das Seineufer: Wie Cartier-Bresson und Man Ray gelangte auch Theodora, die sich nun Dora Maar nannte, zu einer Meisterschaft in der Straßenfotografie. Menschen wie der Junge, der an einer Straßenecke gegen eine Hauswand lehnt, die blinden Musiker oder ein Bettler richten den Blick nach innen. 1934 hielt sie sich in Barcelona und London auf und fotografierte. In diesen Bildern zeigt Dora soziales und politisches Engagement. Sie präsentierte sie in ihrer ersten Einzelausstellung in einer Pariser Buchhandlung.

Von 1931 bis 1935 führte Dora Maar zusammen mit dem Set-Dekorateur Pierre Kéfer auf dessen elterlichem Grundstück in Neuilly-sur-Seine ein Fotostudio. Die beiden fotografierten sehr erfolgreich Werbekampagnen, zum Beispiel für Helena Rubinstein, Modeaufnahmen für Chanel und Schiaparelli, Porträts und Aktaufnahmen für Zeitschriften. Einige von ihnen zierten 1935 einen Bildband. Dora Maar wurde als diejenige gepriesen, die am versiertesten mit den technischen Möglichkeiten der Ausstattung umgehen konnte. Im Oktober 1934 erschien in *L'Art vivant* ein Artikel über ihre Arbeit: »Das Studio wirkt zuweilen wie ein Operationssaal. Man hat den Eindruck, als wäre ein wissenschaftliches Komplott gegen das Modell geschmiedet worden.« Rückblickend bezeichnete Dora diese Fotos als ihre »mondäne Zeit«.

Kurz darauf eröffnete Dora Maar, inzwischen stand sie den Surrealisten nahe, ein eigenes Atelier in Paris, Rue Champagne-Première. 1935 wurde sie Mitglied der von Georges Bataille und André Breton gegründeten antifaschistischen Gruppe Contre-Attaque.

In ihren Arbeiten begann sie zu experimentieren. Das Foto sollte die Wirklichkeit und Natur wieder verlassen und wenn, dann eine Seelenlandschaft abbilden. Eine Fotomontage, der Dora keinen Namen gab, zeigt eine weibliche Porzellanhand, die im Sand aus einer Muschel wächst, darüber ein dramatischer Himmel. Eine Frau mit nach vorne abgeknicktem Oberkörper posierte für *Beine I* und *Beine II*. In *29 Rue d'Astorg* setzte die Fotografin eine archaische Frauenskulptur mit Vogelkopf auf eine Bank in den perspektivisch verzerrten Kreuzgang eines Klosters. In dieser wie die Kulisse eines expressionistischen Films wirkenden Umgebung schaukelt sie kindlich hin und her. Eine bizarre Welt – mitten im vornehmen

8. Arrondissement von Paris. Außerdem schuf Dora Maar Porträts von ihrer Künstlerkollegin Leonor Fini und Paul Éluards zweiter Frau Nusch, über deren graziöses Gesicht sie einmal das weiße Negativ eines Spinnennetzes legte.

Dann entstand ihr bekanntestes Werk: Das Foto eines bis heute nicht bestimmten Tieres mit Rüssel, elefantenartigen Ohren und einem, wie es scheint, traurig-melancholischen Ausdruck. Schutzbedürftig. Der Name Ubu ist eine Referenz an Alfred Jarrys absurdes Theaterstück *Ubu Roi*, *König Ubu*, ursprünglich für ein Marionettenspiel konzipiert, das bei seiner Uraufführung 1896 empörte Reaktionen der Zuschauer ausgelöst hatte und von den Dadaisten und Surrealisten gefeiert wurde. In dessen Mittelpunkt steht der streitsüchtige Antiheld François Ubu, Offizier eines Fantasiekönigs, primitiv, feige, machtbesessen. Er hat nichts mit ihrem Foto gemein. Gerade dieser Kontrast von Motiv und Namen, der widerstreitende Assoziationen auslöst, macht den unwiderstehlichen Reiz des Fotos aus. Und das Geheimnis.

Dora Maar hat sich nie darüber geäußert, was und wo sie es fotografiert hat. Das surrealistische Rätsel bleibt bis heute gewahrt. Ubu ist ein Zwitterwesen: Tier, Mensch, Fötus? »Es handelt sich um ein echtes Tier, aber ich sage nicht, welches, damit es sein Mysterium bewahrt!« Auf jeden Fall begründete es ihren internationalen Ruf als surrealistische Fotografin.

Anfang 1936 saß eine junge Frau im Deux Magots und richtete ihre Augen auf einen Mann von gedrungener Statur, der sich zwar sein Haar etwas seltsam über den Kopf kämmte, aber faszinierende Augen hatte – Pablo Picasso. Seine Ehe mit der russisch-ukrainischen Tänzerin Olga

Chochlova bestand nur noch auf dem Papier. Seine Geliebte Marie-Thérèse Walter hielt sich mit der 1935 geborenen Tochter Maya im Hintergrund. Und er wohnte allein in der Rue La Boétie unweit der Champs-Élysées. Dort empfing er seine Bewunderer, arbeitete. Abends ging er aus, um Freunde zu treffen.

Nun konnte er seinen Blick nicht von der jungen Frau mit den kurzen schwarzen Haaren und dem schwarzen Kleid am Nebentisch abwenden. Sie hatte grüne Augen, rote Lippen, sah ihn immerfort an und stach sich mit einem spitzen Messer zwischen ihre behandschuhten Finger, die gespreizt auf der Tischplatte lagen. Immer schneller und schneller. Die kleinen rosa Blümchen der Handschuhe verfärbten sich dunkel. Picasso war hingerissen.

Schließlich zog Dora Maar das Messer ein letztes Mal aus der Tischplatte, steckte es in ihre Handtasche und legte die Handschuhe ab. Ihre Fingernägel waren so grün wie ihre Augen. Er bat sie auf Französisch um die Handschuhe. Sie bat ihn auf Spanisch, ein Porträt von ihm fotografieren zu dürfen. Er kam in ihr Atelier. Sie war 29, er 55 Jahre alt.

Die Galerie Charles Ratton zeigte im März 1936 in der *Exposition surréaliste d'objets* von Picasso eine Gitarre aus Metall, von Dora Maar *Ubu*. Danach wanderte das Foto, das sich bereits als Postkarte enormer Beliebtheit erfreute, in die große Surrealisten-Ausstellung nach London, wo Dora Maar insgesamt drei Werke zeigte, darunter auch *Der Simulant* von 1936. Hier kombiniert sie ein umgekehrtes Deckengewölbe mit einem Jungen, der seinen Oberkörper weit nach hinten beugt, wodurch sich zwei gegenläufige Schwünge zu einem verstörenden Raumeindruck addieren. *Ubu* reiste weiter in die Surrealisten-Ausstellung des MoMA nach New York.

Dora Maar und Picasso wurden ein Paar. Sie verbrachten den Sommer gemeinsam in Mougins nördlich von Cannes. Er begann, sie zu zeichnen, zu malen: als Vogel, als Nymphe, als Sphinx, mit Hörnern auf dem Kopf oder Blumen im Haar. Und er entdeckte mit ihrer Unterstützung die Fotografie für sich. Ebenfalls auf Doras Anregung bezog Picasso in Paris ein neues Atelier in der Rue des Grands Augustins 7. Sie mietete sich gleich um die Ecke eine Wohnung, dort wartete sie auf seine Besuche, seine Einladungen zum Abendessen.

Mit dem Beginn des Spanischen Bürgerkriegs im Juli 1936 geriet ganz Europa in Aufruhr. Deutsche und italienische Faschisten unterstützten Franco. Im Februar 1937 nahmen sie Picassos Geburtsort Málaga ein. Am 26. April wurde die baskische Stadt Guernica von deutschen Flugzeugen bombardiert und zerstört.

Picasso hatte den Auftrag der republikanischen Regierung für ein Wandbild im spanischen Pavillon der Weltausstellung angenommen. Am 1. Mai setzte er die ersten Striche: *Guernica* – eine leidenschaftliche Anklage gegen den Krieg. Dora Maar verewigte er auf dem monumentalen Schwarz-Weiß-Gemälde im Profil als Frau mit Lampe. Sie dokumentierte seine Arbeit mit der Kamera.

Am 1. August wurde in Paris die 27 Jahre alte Gerda Taro beigesetzt. Sie hatte gemeinsam mit Robert Capa an der spanischen Front fotografiert, war am 25. Juli von einem republikanischen Panzer überrollt worden und in der Nacht darauf gestorben.

Auf zahlreichen Bildern Picassos wurde Dora Maar zur

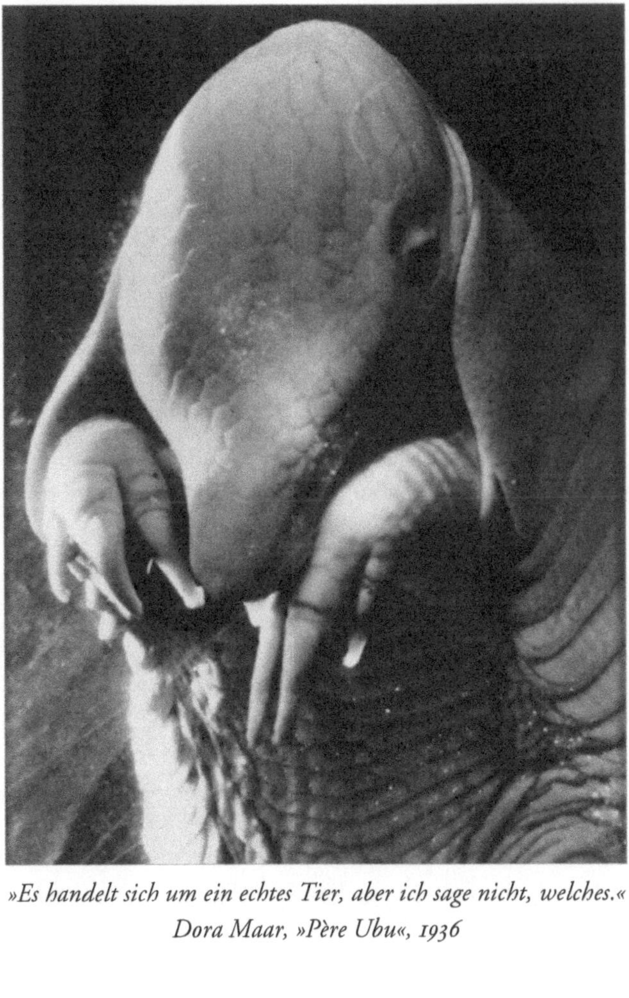

»Es handelt sich um ein echtes Tier, aber ich sage nicht, welches.«
Dora Maar, »Père Ubu«, 1936

Verkörperung dieser leiderfüllten Gegenwart: *Die Frau, die weint.*

Picasso bestimmte inzwischen nicht nur ihren Tagesablauf und ihre Arbeitsthemen, er schlug Dora auch vor, die Fotografie aufzugeben und zur Malerei zurückzukehren. Ihre Gemälde aus dieser Zeit wirken meist epigonal, orientieren sich an den seinen. Immer wieder ist das Gesicht des Geliebten zu erkennen. Ihre Fotos dagegen hatten eine höchst eigene künstlerische Sprache gesprochen. Die jedoch hatte einer Welt des Spiels und der Fantasie angehört. Und sie ging in den Zeiten des Kriegs unter.

Mit dem deutschen Überfall auf Polen begann am 1. September 1939 der Zweite Weltkrieg. Am 14. Juni 1940 zogen Wehrmachtsverbände kampflos in Paris ein. Die Deutschen besetzten drei Fünftel des Landes. Während André Breton und seine Frau Jacqueline Lamba flohen und sich schließlich nach New York einschifften, blieben Picasso und Dora in Paris. Es war eine Zeit nicht nur der politischen Bedrängnis, der künstlerischen Einschränkungen, sondern auch der schwersten seelischen Belastungen. Dora verlor 1942 ihre Mutter. Ihre Beziehung zu Picasso zerbrach 1943, als er sich in die 21-jährige Malerin Françoise Gilot verliebte. Dora hatte jahrelang Marie-Thérèse ertragen, die von Picasso ein Kind bekommen hatte, im Gegensatz zu ihr. Jetzt betrat ein Mädchen die Bühne, 14 Jahre jünger als sie, 40 Jahre jünger als Picasso! An ihrer Hand würde er in einen Jungbrunnen steigen. Und sie?

1946 brach Doras enge Freundin Nusch Éluard zusammen und starb völlig unerwartet an einer Hirnblutung. Paul Éluard war untröstlich. Zu seinen Gedichten an Nusch, *Le temps déborde*, *Die Zeit tritt über die Ufer*, steuerten Dora Maar und Man Ray Porträtfotos von Nusch bei. Ein Nervenzusammenbruch machte schließlich Doras dreiwöchige Einweisung in eine psychiatrische Klinik nötig. In den folgenden Jahren begab sie sich bei dem Psychoanalytiker Jacques Lacan in Behandlung.

Picasso wies den Surrealisten die Schuld daran zu, trug Françoise Gilot am Strand einen großen Sonnenschirm nach und planschte mit den gemeinsamen Kindern Claude und Paloma in der Badewanne. 1953 beendete Françoise die Beziehung und wurde eine überaus erfolgreiche Malerin. Der 72-Jährige lernte im südfranzösischen Vallauris die 26 Jahre alte Jacqueline Roque kennen, die er nach dem Tod seiner Noch-immer-Ehefrau Olga Chochlova 1961 heiratete. Im April 1973 starb Pablo Picasso in seinem Haus in Mougins an einer Lungenembolie. 1977 nahm sich Marie-Thérèse Walter das Leben. Jacqueline Roque beging 1986 nach einer von ihr mitvorbereiteten Picasso-Ausstellung in Mougins Selbstmord.

Picasso hatte Dora Maar bei der Trennung mehrere seiner Werke und ein Haus in der Provence geschenkt. Sie lebte nun allein und zurückgezogen abwechselnd in ihrer Pariser Wohnung und in diesem Haus in Ménerbes. Bevorzugt beschäftigte sie sich mit spirituellen und religiösen Themen, fand aber auch zu einem realistischen Malstil zurück, zu Stillleben und Landschaften. In den 1970er-Jahren wurden Doras Landschaften dann abstrakter. Sie wandte sich auch wieder ihren alten Fotografien zu, berieselte sie mit Maiskörnern und Salbeiblättern und belichtete sie: Rayogramme. Das Verfahren hatte sie von Man Ray gelernt. Eine Kamera nahm sie nicht mehr zur Hand.

Nach einem Sturz in ihrer Wohnung in Paris im Jahr 1994 musste Dora Maar das Bett hüten. Am 16. Juli 1997 tat sie ihren letzten Atemzug. Im Vorjahr war Arianna Stassinopoulos Huffingtons Buch *Picasso. Genie und Gewalt. Ein Leben* (1988) unter dem Titel *Mein Mann Picasso* mit Anthony Hopkins als Picasso und Natascha McElhone als Françoise Gilot verfilmt worden. Julianne Moore hatte Dora Maar verkörpert.

TOYEN: Die Vergessene

Im Prager Auktionshaus Adolf Loos wurde im Oktober 2020 ein Gemälde mit dem Namen *Pik Dame* aus dem Jahr 1926 einschließlich Gebühr für umgerechnet 3 Millionen Euro ersteigert. Dieser Rekord machte eine Frau berühmt, die im Zentrum der surrealistischen Bewegung in Prag und Paris gestanden hatte, aber niemals greifbar gewesen war. Jetzt trat sie ins Rampenlicht: provokant, feministisch, scharfsinnig, mit den Themen Angst, Macht und Gewalt. Blumen, Bäume, Wasser, alles hatte bei TOYEN einen erotischen Subtext. Um den Körper der Frau legte sie ein kostbares Gewand oder eine Korsage. Aber die Hüllen blieben leer, die Frau verschwunden, dem Blick entzogen.

Die ungekrönte Königin der Prager Zwischenkriegsavantgarde wies Geschlechterkategorien von sich und wich nicht vor dem Nationalsozialismus zurück. Stets betonte sie, sie sei keine Malerin, denn sie verstand sich als philosophisch Fragende, als radikale Poetin, die dem Wesen der Menschen, der Natur und der Dinge auf den Grund gehen wollte. Sie sah, was den anderen verschlossen blieb, und schuf danach ein Gleichnis. Heute gilt TOYEN als die bedeutendste tschechische Künstlerin des 20. Jahrhunderts. Sie hinterließ ein Werk, das sich auch durch seine Grenzverschiebungen auszeichnet; so zwischen Malerei und Collage, Poesie und Illustration. Von September 2021 bis Februar 2022 würdigte eine große Retrospektive in der Hamburger Kunsthalle die Künstlerin.

Marie Čermínová kam am 21. September 1902 im damals österreichischen Prag in einem Arbeiterviertel als Tochter eines Postboten zur Welt. Mit 16 Jahren, also mit dem Ende des Ersten Weltkriegs, verließ sie ihr Zuhause, suchte ein Leben jenseits bürgerlicher Normen und schloss sich den Kommunisten an. Die Tschechoslowakei war Republik geworden, ihre Hauptstadt ein Ort vibrierenden Lebens, die Frauen sehr präsent in der Kunstszene. Marie schrieb sich in einer privaten Kunstschule ein. Dort malte sie bereits nicht mehr nach der Natur. Ein Jahr später besuchte sie eine Kunstgewerbeschule, arbeitete in einer Seifenfabrik.

Auf ihrer ersten Reise im Jahr 1922 nach Dalmatien lernte sie den drei Jahre älteren Kunststudenten und späteren Maler, Dichter und Fotografen Jindřich Štyrský kennen, verliebte sich vielleicht in ihn, ganz sicher aber in das Meer. Sie war und blieb eine ausgezeichnete Schwimmerin. Immer wagte sie sich weit ins Offene hinaus.

Marie und Štyrský wurden Freunde und Weggefährten und gehörten bald zur avantgardistischen Gruppe Devětsil (Pestwurz), in der sich Konstruktivisten und Dadaisten zusammengefunden hatten. Sie änderte ihren Namen in TOYEN, abgeleitet vom französischen *citoyen*, Bürger. Eine geschlechtliche Zuordnung sollte der Name erschweren, ihre Ebenbürtigkeit hingegen klarstellen. In der außer ihr nur aus Männern bestehenden Künstlergruppe umwarben sie alle. TOYEN dagegen behauptete, junge Frauen zu bevorzugen, trug Hose, Herrensakko, Hemd und Baskenmütze, die Hände tief in die Hosentaschen vergraben,

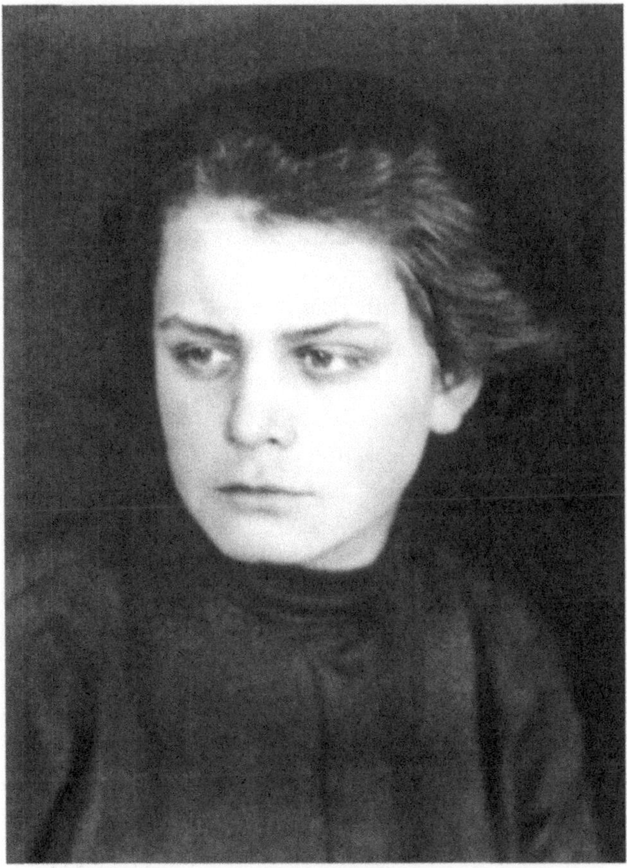

»Ich sehe, dass meine grüne Seite endlich grün geworden ist.«
TOYEN, um 1920 in Prag

eine Zigarette im Mundwinkel. Eine Selbstdarstellung, die der der jungen Marlene Dietrich sehr ähnlich ist: »Was ihr von mir denkt, kümmert mich nicht.« Außerdem sprach sie von sich in der männlichen Form. Ihr ältestes erhaltenes Bild zeigt *Boote in einem Hafen* und besteht vor allem aus Blau- und Grüntönen. *Die Fabrik* zeigt Prag. Sie behielt es bis zu ihrem Tod.

1924 erschien das Manifest des »Poetismus« aus der Feder von Karel Teige, einem Mitbegründer von Devětsil. Es verstand Kunst aus einem Misstrauen gegenüber dem Realismus heraus als Methode, die Welt so wahrzunehmen, dass sie zur Poesie wird. Den Pariser Surrealismus lehnte die tschechische Avantgarde mit dem Vorwurf des »somnambulen Spiritualismus« heftig ab.

TOYEN und Štyrský jedoch zogen, nachdem sie 1923 eine mehrmonatige Italienreise unternommen hatten, auf der sie fotografierte und malte, im September 1925 nach Paris. Sie mieteten ein Atelier, genossen das Nachtleben und gingen täglich ins Kino. Insbesondere faszinierten sie die Filme von Buster Keaton. TOYEN las die Bibel der Surrealisten, Lautréamonts *Gesänge des Maldoror*, fertigte Illustrationen dazu und setzte sich später für eine Übersetzung ins Tschechische ein. Die erste Ausstellung von TOYEN und Štyrský eröffnete in der Galérie d'Art contemporain. Beflügelt von ihrem Erfolg, begründeten sie die Bewegung des »Artifizialismus«: Die Alternative zu Kubismus, Abstraktion und Surrealismus interpretierte Malerei als Farbgedicht und wünschte ihre Verschmelzung mit der Poesie. TOYENs *Chinesisches Teehaus* und *Reisfeld*, beide 1927, sind dementsprechend lyrische Kompositionen aus den von ihr bevorzugten Abstufungen von

Blau und Grün vor grauem Hintergrund. *Der Taucher* dagegen zeigt ihre Begeisterung für Technik und Wissenschaft als Wege neuer Erkenntnis. Insgesamt verwendete die Künstlerin in dieser frühen Zeit kühle Farben, experimentierte aber auch mit einem massiven Farbauftrag.

Trotz dieser enormen künstlerischen Weiterentwicklung kehrte TOYEN 1929 nach Prag zurück, war dort Teil der Bohème und malte unentwegt. Ihre Bilder nahmen wieder gegenständlichere Formen an, erinnern an Unterwasserlandschaften, die sie mit Muscheln, Korallen oder kristallinen Formen, aber auch Gegenständen wie Ei, Kugel oder Augen bestückte.

Von 1930 bis 1933 zeichnete sie gemeinsam mit Štyrský für die Zeitschrift *Erotická revue* und illustrierte den Roman *Justine oder das Unglück der Tugend* (1791) des Marquis de Sade. De Sades Wohnsitz verewigte sie 1946 in dem Gemälde *Im Schloss La Coste*: Eine Wand, ein Wolf oder Fuchs, wie ein Graffiti aufgesetzt. Die linke Vorderpranke schnellt aus der Mauer hervor, krallt sich um eine blaue Taube und tötet sie. Eine Szene, auf dem höchsten Punkt der Erregung fixiert. Leben schlägt um in Tod.

Als einzige Frau gehörte TOYEN 1934 zu den Gründern der tschechoslowakischen Surrealisten-Gruppe, die 1935 ihre erste Ausstellung mit dem Titel *Poesie* zeigte. Sie hatte 24 Gemälde eingereicht, darunter die *Magnetische Frau*, auf die Štyrský mit dem *Tintenfischmann* antwortete. *Stimme des Waldes*, eines ihrer bekanntesten Bilder, zeigte sie in drei Versionen: eine Eule, blau und weiß, aufgebaut aus Tausenden von Pinselstrichen, vor schwarzem Hintergrund. Warum erleben wir sie als gefährlich? Das Bild spielt virtuos mit der Differenz von Bewusstem und Unbewusstem, repräsentiert das Heimliche und Verdrängte, den Traum.

Paul Éluard und André Breton reisten zur Ausstellungseröffnung nach Prag, und Éluard verliebte sich kurzzeitig in TOYEN. Sie dagegen schloss eine enge Freundschaft mit Breton, der sie als *»mon amie entre les femmes«*, also meine Freundin unter den Frauen, bezeichnete. Gemeinsam mit den beiden Franzosen gab nun TOYEN das *Bulletin international du Surréalisme* heraus, das den Zusammenschluss beider Surrealisten-Gruppen besiegelte. Die Künstlerin schenkte Éluard *Stimme des Waldes II* und Breton *Prometheus* (1934). Es zeigt den abstrahierten Umriss eines Körpers, mit Stacheldraht umwickelt, vor blauem Hintergrund.

Anschließend fuhren TOYEN, Štyrský und der befreundete Dichter Vítězslav Nezval zu einem Gegenbesuch nach Paris. Dort lernten sie Claude Cahun, Max Ernst, Salvador Dalí, Man Ray und Yves Tanguy kennen.

In der großen *International Surrealist Exhibition* in London im Sommer 1936 stellte TOYEN *Prometheus* und *Stimme des Waldes* aus. Mit *Botschaft des Waldes* steigerte sie 1936 das Thema des Eulendämons weiter. Nun packt seine riesige Kralle den vom Körper abgetrennten Kopf eines blonden Jünglings. Die Klaue schnellt aus einem schemenhaften Körper, also aus der Bildfläche in die Wirklichkeit und ergreift Mervyn, den schönen Knaben aus dem sechsten *Gesang des Maldoror*.

Die Schläferin (1937) zeigt eine Frauenfigur in einer kargen braunen Landschaft mit hohem Horizont unter blauschwarzem Nachthimmel. Sie hält ein leuchtend grünes Schmetterlingsnetz in den Händen und hat keinen Körper.

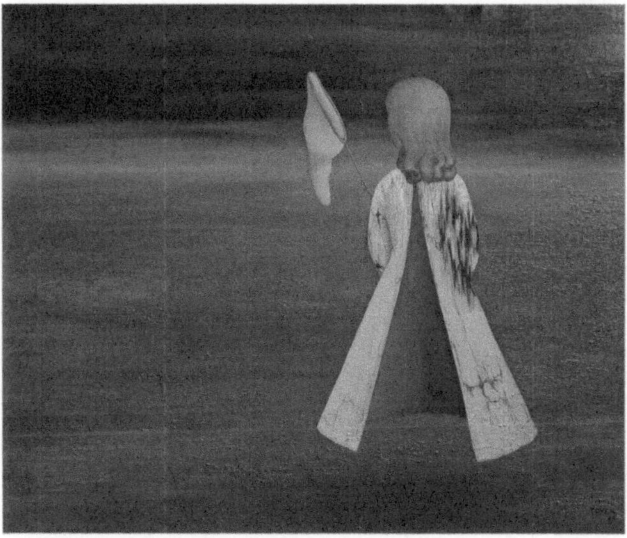

TOYEN, »Die Schläferin«, 1937

Wir blicken in ein schwebendes steifes Kleid, zum Teil wie Stein verwittert, das hinten in der Art eines OP-Hemdes offen steht. TOYEN verdichtete auf diese Weise die grausame Geschichte im dritten *Gesang des Maldoror*, wo er eine Frau in den Wahnsinn treibt, deren Tochter er vergewaltigt und getötet hat, zu einem poetischen Bild. Die Erinnerung an eine Frau thematisiert auch *Die verlassene Höhle* (1937), in der vor meerblauem Hintergrund in einer Stalaktiten-Landschaft eine lichtblaue Korsage schwebt.

Inzwischen hatten die politischen Auseinandersetzungen zwischen der stalinistisch geprägten Kommunistischen Partei und den Surrealisten zugenommen, die des »Trotzkismus« und der »Dekadenz« bezichtigt wurden. Ein Jahr später löste sich die Gruppe auf. TOYEN nahm 1938 an deren letzter Ausstellung in Prag teil. Ebenso beteiligte sie sich im selben Jahr an der großen Ausstellung in Paris, auch sie sollte die letzte vor Beginn des Zweiten Weltkriegs sein.

Nach der deutschen Besetzung der Tschechoslowakei und der Errichtung des »Reichsprotektorats Böhmen und Mähren« am 16. März 1939 erhielten TOYEN und Štyrský Ausstellungsverbot. Ihre Kunst galt als »entartet«. Sie standen auf der schwarzen Liste der Nationalsozialisten. TOYEN versteckte den Surrealisten Jindřich Heisler, Sohn christlich-jüdischer Eltern, in ihrer winzigen Wohnung in Prag. Vier Jahre schlief der Schriftsteller und Maler dort in der Badewanne. *Mythos des Lichts* (1946) zeigt diese erschreckend enge einsame Welt auf dem Hintergrund einer weißen Doppelflügeltür. Zwei Frauenhände in weißen Handschuhen bilden für ein Schattenspiel den Kopf eines Hundes. Der bellt den Schatten eines im Profil wiedergegebenen Mannes an, der eine grüne Pflanze mit Wurzeln hält. Auch diese Pflanze tritt aus der Bildfläche hervor.

Als Jindřich Štyrský im März 1942 starb, hatte die Freundschaft zu TOYEN bis zuletzt bestanden. In den nächsten drei Jahren musste sie auch den Tod ihrer Eltern und einer Schwester erleben. In *Nach der Vorstellung* von 1943 hängt in kleines Mädchen kopfüber an einer Ballettstange vor einer Wand. Der weiße Rock fällt ihr über das Gesicht und entblößt ihre weiße Unterhose und ein Stück nackten Bauchs. Unter ihr eine Papiertüte, neben ihr eine Fliegenklatsche. Ein in seiner bloßen Andeutung von Gewalt und Ausgeliefertsein extrem verstörendes Bild.

Eine Serie altmeisterlich ausgeführter Federzeichnungen erinnern an Francisco de Goyas *Die Schrecken des Krieges* aus den Jahren 1810 bis 1814. TOYEN rief im Jahr 1944: *Verstecke dich, Krieg!* und zeichnete Skelette, Käfige, öde Landschaften.

Auf Einladung Bretons reisten sie und Heisler 1947 zur ersten internationalen Retrospektive der Surrealisten nach dem Ende des Zweiten Weltkriegs in der Galerie Maeght in die französische Hauptstadt. Als die Stalinisten im Januar 1948 in der Tschechoslowakei die Macht übernahmen, entschied sich TOYEN, nicht mehr zurückzukehren. Sie wurde Mitglied der Pariser Surrealisten. Heisler starb 1953 in Paris an einem Herzinfarkt. Jetzt lebte TOYEN allein und ging jeden Abend ins Le Cyrano. Die »Baronin« erschien manchmal etwas steif und stolz, doch die jüngeren Kollegen bewunderten sie ausnahmslos. Ihre außergewöhnliche Begabung für Freundschaften bewährte sich auch jetzt.

Die schöne Platzanweiserin von 1957 zeigt einen kopflosen

Frauenkörper mit langen weißen Beinen in Shorts, mit extrem schmaler Taille und einer blauen Schleife als Oberkörper. *Melusine* aus demselben Jahr trägt ein grünes Abendkleid, das in eine rote Blüte oder Flamme ausläuft, wieder ohne Kopf und Körper. Eine Frau im Leo-Kleid mit grünen Handschuhen und einem Raubtiergesicht auf der Hüfte erscheint auf *Der Paravent* (1966). Im Hintergrund der namensgebende Raumteiler, zwei Silhouetten, zwei Männer oder ein Mann und sein Schatten? Die Frau und der anonyme männliche Blick? Eines ihrer bekanntesten Bilder.

Anfang der 1970er-Jahre kam es zu politischen Differenzen innerhalb der Surrealisten. Die Gruppe löste sich auf. *Die Falle der Wirklichkeit* von 1971, TOYENs letztes Gemälde, zeigt in grünem Gewässer eine wie aus Papier gefaltete und aufgelegte hellgrüne Pflanze, sie umschlingt einen Goldfisch und stellt noch einmal die Frage nach dem Übergang von Wirklichkeit zu Imagination. Ist nicht alles nur bemalte Leinwand?

TOYEN wurde einsam, fertigte Collagen aus Zeitschriftenfotos. Immer noch umkreiste sie das Thema Frauen, jetzt interessierte sie deren Verfügbarkeit in einer kommerzialisierten Welt. Mit 76 Jahren stürzte sie in ihrer Wohnung am Boulevard Saint-Germain und verließ diese nun nicht mehr. Am 9. November 1980 tat Marie Čermínová, die sich ein Künstlerinnenleben lang TOYEN genannt hatte, ihren letzten Atemzug. Sie wurde auf dem Friedhof Batignolles in Paris begraben. In der Traueranzeige stand: »Ich sehe, dass meine grüne Seite endlich grün geworden ist.« Zum Abschied warfen die Freunde der Ausnahmekünstlerin ihren Lieblingshut auf den Sarg.

Elsa Schiaparelli: Shocking

Der exzentrischste Star der Modewelt in den 1930er-Jahren kam aus guter Familie, entschlossen, gegen die Konventionen zu verstoßen, auch und vor allem gegen die von weiblicher Dezenz.

Elsa Schiaparellis Kreationen entwickelten sich aus der surrealistischen Idee: Sie lebten von Kontrasten, dem Unvorhersehbaren, dem ästhetischem Schock. Strenge Silhouette traf üppiges Dekor. Breite Schultern, kantige Umrisse, klare Konturen kombinierte die Designerin mit der Leuchtkraft der Stoffe, der Pracht von Stickereien, der Üppigkeit der Accessoires. Streng und verschwenderisch zugleich, diszipliniert und spielerisch, selbstbewusst und ironisch. Theatralik und Maskerade wurden zum Schlüsselkonzept einer Mode, die nicht das Wesen, die Persönlichkeit einer Frau zeigen wollte, sondern ihr die Möglichkeit gab, jenseits aller Alltagstauglichkeit in verschiedene Rollen zu schlüpfen, mehrere Identitäten auszuprobieren. Viele von Schiaparellis Neuerungen wie gepolsterte Schultern, schmale Jacken, der Keilabsatz oder der Hosenrock wurden von ihrer Zeit als »männlich« empfunden.

Sie konnte weder nähen noch stricken noch Schnitte entwerfen, und das brauchte sie auch nicht. »Kleidermachen ist für mich kein Beruf, sondern eine Kunst. Ich empfand es als besonders schwierige und unbefriedigende

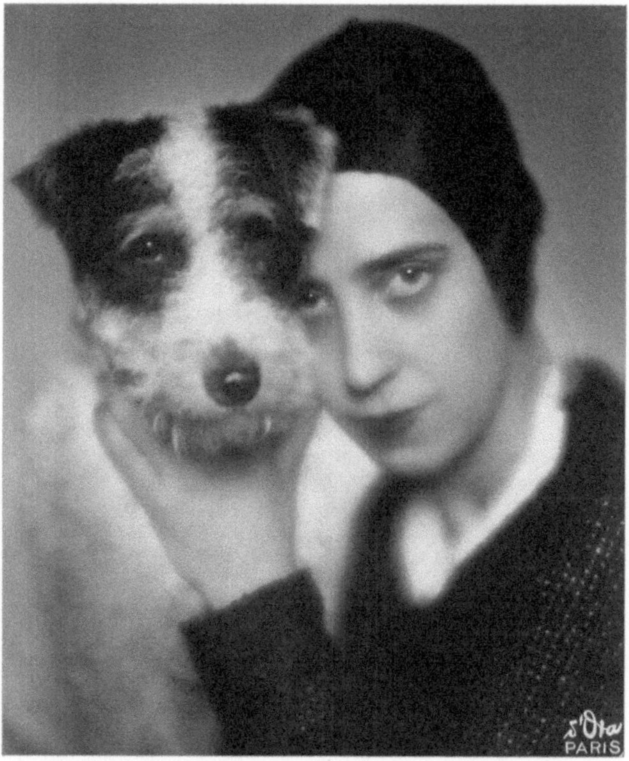

»Kleidermachen ist für mich kein Beruf, sondern eine Kunst.«
Elsa Schiaparelli, um 1926

Kunst, denn ein Kleid gehört schon in dem Augenblick, in dem es geboren wird, der Vergangenheit an.«

Am 10. September 1890 erblickte Elsa Luisa Maria Schiaparelli in Rom als Tochter des Orientalisten Celestino Schiaparelli aus dem Piemont und der neapolitanischen Adligen Giuseppa Maria de Dominicis in einem großbürgerlichen, intellektuellen Milieu das Licht der Welt. Ihren Vornamen hasste sie, später ließ sie sich mit »Schiap« ansprechen. Angeblich hatten die Eltern sich einen Sohn gewünscht und keinen Mädchennamen ausgesucht.

Gerne erzählte Schiaparelli, als Kind habe sie immer gehört, sie sei hässlich, also habe sie darüber nachgedacht, was sie tun könnte, um hübsch zu werden. Bald träumte Elsa von einem Gesicht voller Blumen, weil Blumen das Schönste waren, das sie sich vorstellen konnte. Die Blumensamen, die sie sich dann in Nase, Mund und Ohren steckte, mussten vom Arzt entfernt werden. Ein Mythos, der den Keim ihrer Karriere beschreiben soll. Vielleicht war die Geschichte aber auch ein Verweis auf die surrealen Fantasien in ihrer Zusammenarbeit mit Salvador Dalí. Ein Gesicht voller Blumen, was könnte poetischer sein, surrealer? Der Spanier hat es zum ersten Mal 1935 gemalt.

In ihrer Kindheit, berichtete Schiaparelli weiter, habe sie mit den Kleidern der Mutter gespielt, sie anprobiert, sich im Spiegel betrachtet, sich selbst als eine andere fantasiert, die Magie der Mode zum ersten Mal erlebt.

Die Heranwachsende langweilte sich dann, lernte Klavierspielen, las, interessierte sich für Kunst, hörte Philosophie an der Universität, flirtete. Im Alter von 15 Jahren schockierte sie ihre Eltern durch das Verfassen erotischer Gedichte. Eine Freundin der Mutter nahm sie mit nach

London, damit sie ihr dort beim Aufbau eines Kinderheims half. Bei einem Zwischenstopp in Paris wollte Elsa auf einen Ball gehen, hatte kein Kleid und improvisierte mit blauem Crêpe de Chine und orangefarbener Seide. Beim Tanzen lösten sich die Nadeln, mit denen sie alles zum Kleid gesteckt hatte.

In London lernte Elsa den polnischen Theosophen Graf Wilhelm de Wendt de Kerlor kennen. Gegen den Willen der Eltern heiratete sie ihn 1914 und zog fünf Jahre später mit ihm nach Greenwich Village, ins Bohème-Viertel New Yorks. Ihr Mann begann eine Affäre mit der Tänzerin Isadora Duncan. Elsa nahm Kontakt auf zur Künstlergruppe um den Fotografen Alfred Stieglitz, also zu Gabrielle und Francis Picabia, Marcel Duchamp und Man Ray. Kurz nach der Geburt ihrer Tochter Yvonne, genannt Gogo, im Jahr 1920 verließ ihr Ehemann sie. »Kaum jemand wurde so tief in seinen Gefühlen oder so grausam in seinem Stolz verletzt«, beschrieb sie ihre eigenen Emotionen.

Elsa beschloss, in Paris ihr Leben noch einmal neu einzurichten. Zunächst wohnte sie mit Gogo bei der Schriftstellerin Gabrielle Buffet-Picabia, traf die Künstler, die sie bereits in New York kennengelernt hatte, entwarf erste Kleider und führte amerikanische Touristen durch die Stadt, fungierte als Modeberaterin und Antiquitätenhändlerin.

Während eines Salonfests in der 107 Rue Faubourg Saint-Honoré bewunderte sie einen schwarzen Samtmantel mit leuchtend blauem Seidenfutter, ein Entwurf des Gastgebers Paul Poiret, und ließ ihn sich von dem Couturier schenken. Fortan unterstützte Poiret Elsa in ihrem Wunsch, Mode zu machen, und überließ ihr Kleider aus seinen Kollektionen. Spektakuläre Auftritte waren ihr jetzt sicher. Poirets sinnliche Farbigkeit und die Opulenz seiner Modelle, die Lust am schönen Kleid jenseits aller praktischen Erwägungen werden ihren Stil entscheidend beeinflussen.

Mehrere Teile zu kombinieren war Mode in den 1920er-Jahren, alles sollte funktional und praktisch sein. Auch Schiaparelli nahm den Zeitgeist von Futurismus, Konstruktivismus, Kubismus auf. Ihre erste eigene Kollektion, entwickelt Anfang 1927 in ihrer Wohnung in der Rue de l'Université, bestand aus drei Pullovern mit eingestrickten Motiven, gefertigt von armenischen Strickerinnen. Zur Legende wurde der schwarze mit der weißen Schleife, den sie selbst beim Déjeuner mit der amerikanischen Schriftstellerin und Drehbuchautorin Anita Loos trug, ein Sweater mit surrealistischem Trompe-l'Œil-Motiv, heute alltäglich, damals eine überraschende Novität.

Anita Loos machte das Teil unter den Hollywood-Diven Joan Crawford, Gloria Swanson, Mae West und Greta Garbo bekannt. Sowohl die französische als auch die amerikanische *Vogue* bezeichneten es als »künstlerisches Meisterwerk«. »Alle Frauen wollten einen, und zwar sofort«, beschrieb Elsa selbst die Situation. Bereits Ende 1927 bezog sie ein großes Atelier in der Rue de la Paix. *Pour le Sport* stand über der Tür des in Schwarz und Weiß eingerichteten Ladens. Er bot Mode für Frauen, die so modern waren wie die Amerikanerinnen, keine komplizierte Maßkleidung wollten, sondern Einzelstücke, unterschiedlich kombinierbar, auch heute noch als Sportswear bezeichnet. 1929 kam ihr erstes Parfum *S* auf den Markt.

Wirtschaftliche und politische Krisenzeiten verlangen

nach Glamour und einer Mode, die das Verhältnis der Geschlechter klar definiert. Also setzte Elsa auf Weiblichkeit, betonte die Taille, die Schultern, ließ den Rocksaum sinken. Hollywood übernahm die Silhouette sofort und steigerte sie. Schiaparellis Stil wurde luxuriös, exzentrisch, sexy, kreativ, unvorhersehbar.

Elsa entwarf die Mad Cap, eine Strickmütze, deren spitzer Zipfel keck nach oben ragte und je nach Tageslaune variiert werden konnte. Katherine Hepburn und Marlene Dietrich, die auf dem Höhepunkt ihres Erfolgs auch die großen Roben und Abendanzüge von Schiaparelli für sich entdeckte, gehörten zu den bekanntesten Trägerinnen des bis Ende der 1930er-Jahre unentbehrlichen Must-haves. Die Schriftstellerin und Geliebte des Surrealisten Louis Aragon Elsa Triolet entwarf 1931 für Schiaparelli eine Kette, gefädelt mit Aspirin-Tabletten aus Porzellan. Das erste Abendkleid, eine Robe aus weißem Crêpe de Chine, ergänzte sie mit einer Frackjacke, deren Schöße sich im Rücken kreuzten.

1934 fand die Designerin sich auf der Titelseite von *Time* wieder. Im selben Jahr brachte sie ein Parfum-Trio auf den Markt: *Schiap* für den Tag, *Soucis* für die Cocktailstunde, *Salut* für den Abend. Der französische Möbeldesigner Jean-Michel Frank hatte die Flakons entworfen.

Im darauffolgenden Jahr kaufte Schiaparelli in Paris an der Place Vendôme 21 ein großes Gebäude direkt gegenüber vom Hotel Ritz. Und sie begann ihre Zusammenarbeit mit Salvador Dalí: Beide setzten auf größte Präzision im Handwerk, der sie rauschhafte Fantasien und exzentrische Träume gegenüberstellten. Auch in dem Wunsch, aufzufallen und Schockierendes zu tun, passten sie perfekt zusammen – zwei kreative Stars, die ihre Energien nun bündelten. Dalí entwarf für Schiaparelli zunächst eine Puderdose mit Telefonwählscheibe und das Telefon als Handtasche, aus schwarzem Samt. Jede Kollektion des Hauses trug nun ein eigenes Motto: 1935 lautete es *Stop, Look and Listen*. Dafür hatte Schiaparelli Stoffe mit Zeitungsdruck – Artikel über sich und ihre Mode – herstellen lassen.

Eileen Agar entwarf 1936 für das Haute-Couture-Haus einen *Handschuh-Hut* aus Stroh, mit einem Paar gekreuzter Lederhandschuhe, mit roten Fingernägeln dekoriert. Handschuhe aus schwarzem Velourleder mit roten Fingernägeln entstanden angeblich in Zusammenarbeit mit Dora Maar.

Elsa Schiaparelli kreierte Hosenröcke und den Bolero, der zu ihrem Markenzeichen wurde. Ein Mantel aus ihrem Hause konnte in einen Abendrock verwandelt werden. Sie führte den Reißverschluss in die Haute-Couture ein und machte ihn zum dekorativen Element. Sie benutzte als Erste Rayon und Latex, transparente Stoffe, Zellophan. Ein Stoff sah aus wie Baumrinde. Schottenkaros und Cordsamt verwendete sie für Abendkleider. Knöpfe langweilten sie, also ließ sie kleine Skulpturen fertigen, zum Beispiel nach Entwürfen von Alberto Giacometti. Käfer und Insekten tummelten sich auf einem Collier aus Plastik.

1937 erschien die Signaturfarbe Shocking Pink zum ersten Mal: »hell und unmöglich, wie alle Vögel und Fische der Welt zusammen, eine Farbe Chinas und Perus, aber nicht des Westens, eine schockierende Farbe«. Und Elsa brachte das Parfum *Shocking* auf den Markt. Leonor Fini soll den Glasflakon nach der Schneiderbüste von Mae

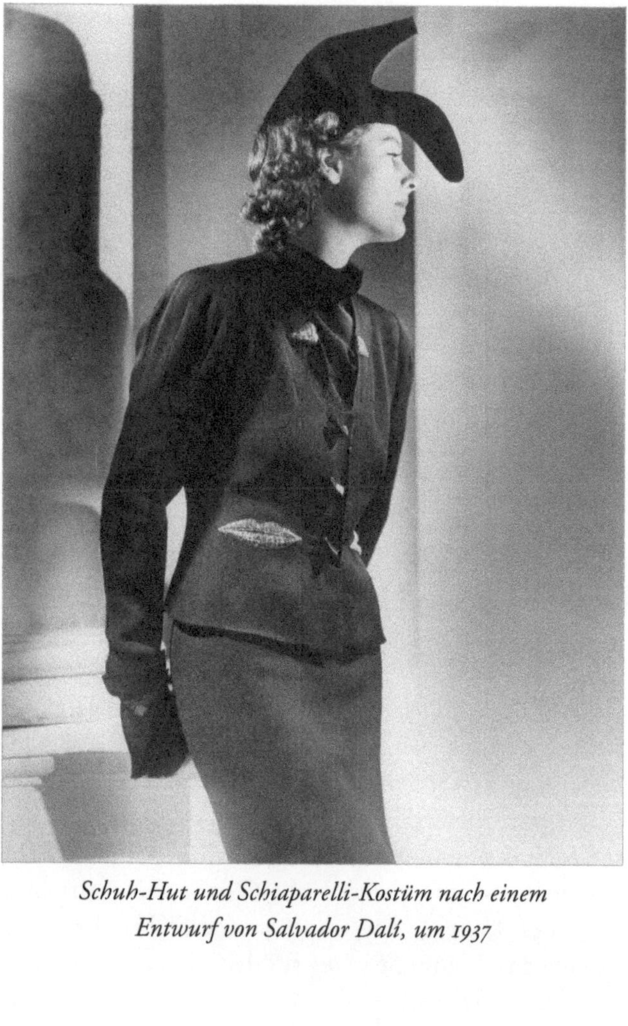

Schuh-Hut und Schiaparelli-Kostüm nach einem Entwurf von Salvador Dalí, um 1937

West, gekrönt mit kleinen Blümchen, entworfen haben, zu erwerben in einem violetten Samtetui oder unter dem Glassturz: *très surréel*! *Le Jardin des Modes* schrieb, in einem Schaufenster Schiaparellis hockten die Parfumflakons wie kleine Vögel auf der Stange. »Im anderen Schaufenster, in dem sich regelmäßig surrealistische Arrangements abwechseln, ist diese Woche ein Fahrrad aus vergoldetem Holz zu sehen, beladen mit Schachteln des Hauses, die zweifellos ein unsichtbarer Bote in die vier Ecken der Hauptstadt ausliefern wird.« Der Laden, geschmückt mit Skulpturen von Alberto Giacometti, wurde zu einem Hotspot in Paris.

»Bons vêtements de travail« versprach eine Werbung, was Schiaparelli bot, war jedoch gewagte Extravaganz, mit der sie in die Modegeschichte einging, wie Dalís *Schuh-Hut*, ein umgekehrter Damenpumps, als Hut zu tragen. Der Künstler setzte den Damen auch ein Kotelett oder ein Tintenfass auf die Locken. Das *Hummerkleid*, das er gemeinsam mit Elsa Schiaparelli für die Herzogin von Windsor kreierte, wurde von Cecil Beaton fotografiert und in der *Vogue* ausführlich besprochen. Sein *Fetzenkleid* 1938, so bedruckt, als wären Teile des Stoffs herausgerissen, dazu ein Cape mit tatsächlichen Rissen: *destroyed*. Im selben Jahr entwarf Dalí sein berühmtes den Lippen von Mae West nachgebildetes Sofa, überzogen mit Schiaparellis Shocking Pink.

Es war die Zeit ihres größten Erfolgs: Vermögende Kundinnen liefen von Chanel und Patou zu Schiaparelli über. Und sie hatte in der Erbin des Singer-Nähmaschinen-Vermögens Daisy Fellowes, Fashion-Ikone, Society-Lady und erste Chefredakteurin von *Harper's Bazaar*, eine Mäzenin gefunden. Die Presse schrieb Lobeshymnen auf ihre Kreativität, ihren Mut, die Künstler waren fasziniert von ihr.

Elsa Schiaparelli hatte den Surrealismus zur Mode gemacht und stand damit in größtmöglichem Gegensatz zu Gabrielle Chanels funktionaler Eleganz. Doch die beiden Modeschöpferinnen verkehrten in denselben gesellschaftlichen Kreisen, waren mit denselben Künstlern befreundet. Man Ray fotografierte beide. Und beide inszenierten jeden öffentlichen Auftritt als Medienereignis, wurden ihre eigenen Markenbotschafterinnen und Werbeträgerinnen, veränderten den Status von Modemacherinnen und Modemachern in der Öffentlichkeit. Nichts war unmöglich!

Schiaparellis letzte große Kollektion vor dem Krieg zeigte Abendkleider mit Cul de Paris, ein Schwanengesang. 1939 brachte sie auch ihr einziges Herrenparfum *Snuff* in eine Zigarrenschachtel gebettet auf den Markt. 1940 folgten der Damenduft *Sleeping* und die Kollektion *Cash and Carry*, in deren Mittelpunkt praktische Jumpsuits standen. Dann emigrierte Elsa Schiaparelli in die USA, wo sie sich für das Rote Kreuz engagierte und Vorträge über Mode hielt.

Wenige Monate nach dem Ende des Zweiten Weltkriegs kehrte sie im Juli 1945 nach Paris zurück, fand ihr Haus unversehrt und begann wieder zu arbeiten. Bereits im Folgejahr zeigte sie Reisegarderobe und ließ das Parfum *Le Roy Soleil* (*Der Sonnenkönig*) produzieren, dessen Flakon Salvador Dalí mit einer Sonne als Kopf geschmückt hatte. Der Entwurf feierte die neue Freiheit und die alte Kultur Frankreichs.

1947 begann der 20-jährige Hubert de Givenchy für Schiaparelli zu entwerfen und blieb vier Jahre, bevor er sein eigenes Atelier eröffnete. Der bodenlange ärmellose *Tuxedo Dress* von 1950 zeigt mit diagonaler Knopfreihe deutliche Anleihen an die Dreißigerjahre-Linie. Kurz darauf ließ Schiaparelli Brillen mit langen schwarzen Zellophan-Wimpern fertigen sowie übergroßen Modeschmuck, zum Beispiel in Form von Insekten. Gegen Christian Dior und seinen New Look mit dem Versprechen, den Krieg und seine Gräuel in Vergessenheit geraten zu lassen, konnte sie allerdings nicht gewinnen. Elsa Schiaparelli schloss ihr Haus im Jahr 1954. *Shocking Life* lautete der Titel ihrer Autobiografie, die im selben Jahr erschien. *Shocking Elegance* hatte sie ihre letzte Kollektion von 1952 genannt.

Am 13. November 1973 starb Elsa Schiaparelli in Paris. Ihr Stil, ob popularisiert in kleinen Anspielungen oder wiederbelebt in extravaganten Haute-Couture-Entwürfen, lebt bis heute. Er wird immer ein prinzipieller Zugang zu Mode bleiben. Vom 6. Juli 2022 bis 22. Januar 2023 feiert das Musée des Arts Décoratifs in Paris ihre Kreationen: Shocking! Die surreale Welt von Elsa Schiaparelli.

Leonor Fini: Frauen regieren die Welt

Sie war eine auffällige Erscheinung, selbst in der Welt der Pariser Bohème. Max Ernst verliebte sich in ihre »skandalöse Eleganz«, Picasso fühlte sich von ihr betört, Jean Cocteau nannte sie eine »göttliche Heroine«. Ihre Kleidung war Stadtgespräch. Leonor Fini kann sicherlich als die Extrovertierteste unter den Künstlerinnen gelten. Eine Großmeisterin der Selbstinszenierung: frei, wild, glamourös, gefährlich, eine der meistfotografierten Frauen des 20. Jahrhunderts, Außenseiterin und Exotin. Sie schrieb Romane, stattete Theaterstücke, Opern und Ballett-Inszenierungen aus, trat der Gruppe der Surrealisten aber niemals bei.

Sie bezeichnete sich als »sehr freidenkende Person«, angezogen von den Abgründen des Unbewussten und dem Magisch-Irrationalen. Immer wieder malte sie sich selbst, erhob sich als ebenso schöne wie finstere Göttin aus einer leblosen Sumpflandschaft oder zeigte einem nackten Jüngling den Weg in ein Turmverlies, ohne dass wir wissen, ob Rapunzel ihn befreit. Auf Leonor Finis Märchen ist kein Verlass!

In ihren fantastischen Bildern schuf die Künstlerin ein weibliches Arkadien. Nackte Männer räkeln sich schläfrig und naiv, während Frauen als starke Heldinnen angezogen und selbstbewusst thronen. Die dämonische Femme

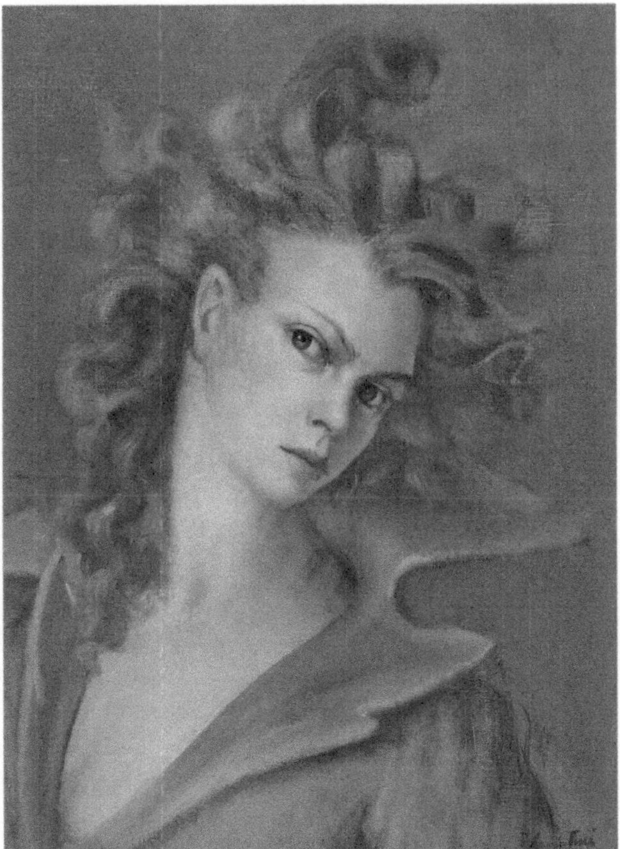

»Die Ehe hat mich nie angesprochen.«
Leonor Fini, Selbstbildnis, 1941

fatale, die Hexe, gerne auch graziös mit Strumpfband und blauem Federhaar, die Alchimistin und Göttin, alle herrschen sie über Leben und Tod, genießen die Macht des Begehrens und der Fantasie, demonstrieren die Vielfalt weiblicher Sexualität. Mischwesen waren ein großes Thema des Surrealismus – ob Melusine, halb Frau und halb Fisch, oder Vogelfrauen, allesamt Symbole für Metamorphose und Veränderung. Bei Leonor Fini haben sie ihre spektakulärsten Auftritte, ebenso wie die Sphinx, mythisches Wesen, halb Frau, halb Löwin, vereint sie männliche und weibliche Anteile und scheint perfekt die Verschmelzung beider Geschlechter zu symbolisieren. Sie beherrscht viele von Finis Bildern, die während des Zweiten Weltkriegs und unmittelbar danach entstanden. Der Malstil wandelte sich dabei vom verträumten Surrealismus zur ornamentalen Vereinfachung. Er prägte die 1970er-Jahre und wirkt bis heute nach.

Die Surrealisten wollten die aufregend erotische Leonor Fini, die so dezidiert auf ihre Freiheit bestand, unbedingt vereinnahmen, aber sie wehrte sich gegen das autoritäre Gebaren eines André Breton. Seine Abhandlungen und Manifeste lehnte sie als Auswüchse kleinbürgerlichen Denkens entschieden ab und verkündete aus Protest, keine Surrealistin zu sein. Dabei zog Fini alle Register der surrealistischen Malerei, verkehrte den sexualisierten männlichen Blick auf den weiblichen Körper in sein Gegenteil, spielte souverän, humorvoll und auch grausam mit sämtlichen sexuellen Ängsten der Männer: Die Frau verführt dich, kastriert dich, verschlingt dich, vergisst dich. Leonor Fini lenkte die Malerei des Surrealismus in eine neue Richtung.

Geboren wurde sie am 30. August 1907 in Buenos Aires als Tochter der aus dem damals österreichischen Triest stammenden Malvina Braun Dubich und des tief religiösen italienischen Geschäftsmanns Herminio Fini. Als Leonor ein Jahr alt war, floh die Mutter mit ihr vor dem Ehemann zu ihrer bildungsbürgerlichen Familie nach Triest. Nachdem der Vater versucht hatte, das Mädchen entführen zu lassen, wurde es sechs Jahre als Junge verkleidet, erkrankte mit zehn Jahren an einer rheumatischen Bindehautentzündung und musste zwei Monate lang mit verbundenen Augen leben.

Wegen ihres rebellischen Verhaltens von der Schule verwiesen, las Leonor sich wenige Jahre später durch die Familienbibliothek und besuchte Museen, Galerien und Leichenschauhäuser. Diese entrückte Welt zu erkunden, machte sie sich auf den Weg. »Seit ich regelmäßig die Totenkammern aufgesucht habe«, schrieb sie, »habe ich die Vollkommenheit des Skeletts bewundert, die Tatsache, dass es der widerstandsfähigste Teil des Körpers ist und wie eine schöne Skulptur nachgebildet werden kann.« Skelette, gerne in historischer Kleidung, bevölkern ihr Bilderuniversum, als arrogant und böse blickender Engel mit Rokoko-Perücke im Jahr 1949, wolkig gestaffelt wie 1963 in *Das Opfer ist die Königin* oder auf einem Paravent, einer vierteiligen Tafel nach Art der spätmittelalterlichen Totentänze im Jahr 1972.

Leonor schrieb sich nie in eine Kunstakademie ein, sondern entwickelte sich autodidaktisch. Ihr Stil machte Anleihen bei Hieronymus Bosch, der deutschen Romantik, dem magischen Realismus der Italiener, bei der Jugendstilornamentik eines Gustav Klimt und der expressiven

Körperlichkeit eines Egon Schiele. Dabei perfektionierte sie einen unverkennbaren Hyperrealismus mit altmeisterlicher Pinselführung und ausgereifter Lasurtechnik. Im Jahr 1925 zog Leonor Fini nach Mailand und arbeitete dort als Porträtistin. Vier Jahre später nahm sie an ihrer ersten Ausstellung in der Galerie Barbaroux teil, zusammen mit Arturo Nathan und Carlo Sbisà, und sie lernte Giorgio de Chirico, den Begründer der Pittura metafisica, kennen.

In Paris, wo sie mit einem italienischen Prinzen zusammenlebte, sprach sie sich unüberhörbar gegen Ehe und Familie aus. Sie glänzte mit ihrer Kenntnis der Schriften von Freud, Kafka und Nietzsche, kleidete sich in erotische Dessous, Ringelstrümpfe, Tiermasken, üppigen Schmuck, Vogelfedern von Kopf bis Fuß, Rüschenkleider. Eine Femme fatale, wie es sich das späte 19. Jahrhundert nicht hätte besser ausdenken können. Henri Cartier-Bresson, mit dem sie ebenso befreundet war wie mit Man Ray, fotografierte sie 1932 im eleganten Mantel in Paris und nackt im Meer vor Triest. Im selben Jahr hatte sie in Paris ihre erste Ausstellung. Auf einem Selbstporträt erscheint sie 1935/36 als erotische Hexe mit dunkler Lockenpracht im Bund mit dem Magischen. Nackt bis auf eine geöffnete Hose, kehrt sie mit einem Besen allerlei Tierwesen zusammen.

Leonor riss die Aufmerksamkeit auf jedem Fest an sich, stand im Rampenlicht und wurde eine Berühmtheit. Der Schwerpunkt ihrer Arbeit verlagerte sich vom Porträt zu surrealistischen Kompositionen. Sie wurde kein festes Mitglied der Gruppe, freundete sich aber mit Paul Éluard und Max Ernst an und zeigte ihre Arbeiten in vielen Surrealisten-Ausstellungen. Immer blieb sie ein Freigeist und eine Konkurrentin für den Meister der Selbstinszenierung

Salvador Dalí. 1936 porträtierte Leonor Fini die Tochter von dessen Geschäftspartnerin Elsa Schiaparelli und kreierte den Parfumflakon für *Shocking*, mit Porzellanblümchen, der Glaskörper angeblich gestaltet nach der im Atelier von Schiaparelli vorhandenen Schneiderbüste von Mae West.

Die große Surrealisten-Ausstellung 1936 in London beschickte Fini mit drei Gemälden, darunter *Spiel der Beine als Schlüssel zum Traum* aus demselben Jahr, das zwei Tänzerinnen in einem leeren Raum vor einer ockerfarbenen Wand zeigt. Die Brünette trägt ein rotes Trikot und graue Strümpfe. Ihre blonde Gefährtin, in rote Leggings und gelben Pullover gekleidet, beugt sich herab, um die Position ihrer Füße zu korrigieren. Eine Szene voll subtiler Erotik. Außerdem waren drei Zeichnungen zu sehen sowie der Umschlag eines im Meer gefundenen Buches als *objet trouvé*. Auch die Schau *Fantastic Art, Dada, Surrealism* im Museum of Modern Art, New York, zeigte Werke von Leonor Fini.

Ein Jahr später lernte sie die junge britische Surrealistin Leonora Carrington kennen, die inzwischen an der Seite von Max Ernst in Paris lebte. Mit ihr verband sie bald eine enge Freundschaft. Von Dora Maar ließ Fini sich in diversen Posen fotografieren: als Opfer eines Überfalls auf dem Boden liegend, in Dessous und mit Laufmaschen im Strumpf, mit einer Katze zwischen den Beinen und herausforderndem Blick auf die Kamera oder mit bis zur Taille geschlitztem Kleid und halterlosen Strümpfen zwischen zwei Vorhängen, das Haar hochgebürstet, das Gesicht träumerisch, einen Liebespfeil in der Hand. Sie selbst porträtierte 1938 Meret Oppenheim, lasziv-aggressiv auf einem Stuhl sitzend, mit halterlosen schwarzen Strümpfen und wilden Haaren vor monochrom rotem Hintergrund.

Zwei Frauen von 1939 ist in Öl auf Leinwand gemalt, misst 34 Zentimeter in der Höhe und 24,5 Zentimeter in der Breite. Links tanzt eine junge Frau im Gewand eines Renaissancejünglings ohne Schuhe einen einsamen Tanz auf einer Eisscholle. In ihre dunkelblonden Haare hat sie viele Kerzen gesteckt. Vielleicht eine Anspielung auf den brennenden Dornbusch im Alten Testament, wo Gott zu Moses sagt: »Ziehe deine Schuhe aus, denn der Ort, auf dem du stehst, ist heiliger Boden.« Rechts kniet eine junge dunkelhaarige Frau in schwarzem Rock und gelber Bluse und späht durch das Schlüsselloch einer Tür, die im leeren Raum steht. Das Rot ihrer Handschuhe wiederholt die Farbe der Beinlinge der Tänzerin. Will sie sie berühren? Nichts und alles trennt die beiden, die Betrachter werden zu Voyeuren. Eine Stimmung, die Fini mehrmals auf ihren Bildern herstellt und die sie vielleicht bei Dürers *Frauenbad* gesehen hat.

Im selben Jahr organisierte Leonor Fini in der Pariser Galerie für moderne Kunst von Leo Castelli und René Drouin eine Ausstellung fantastischer Möbel, an der auch Meret Oppenheim und Max Ernst teilnahmen. Sie selbst zeigte ihren berühmten *Korsettstuhl*, dessen Sitz und Lehne einer gestreiften Korsage nachempfunden sind – das einzige Objekt, das sie je geschaffen hat, natürlich mit erotischer Botschaft. Das Ebenholz steht für schwarzen Satin, die eingelegten Perlmuttstreifen für die Stäbe der Korsage, das gedrehte Eisen für Schleifen und Bänder. Finis Stuhl, so unbrauchbar wie Meret Oppenheims Pelztasse, erinnert an TOYENs Bilder mit den Kleiderhüllen ohne

Frauen, das von der Frau verlassene modische Accessoire, welches Begehren auslösen soll.

Leonor Finis erste Einzelausstellung fand im Frühjahr 1939 in der auf Surrealismus spezialisierten Galerie von Julien Levy in New York statt. Er hatte sie dort bereits 1936 gemeinsam mit Max Ernst und Giorgio de Chirico präsentiert. Levy war von der Ausstrahlung der Künstlerin hingerissen und begann eine Affäre mit ihr. Später krittelte er jedoch, sie sei nicht schön, sondern bestehe aus lauter Teilen, die nicht zusammenpassten, habe den Kopf einer Löwin, den Verstand eines Mannes, die Brust einer Frau, den Rumpf eines Kindes, die Anmut eines Engels »und eine Zunge wie der Teufel«. Als ihre besondere Leistung betrachtete er es, dass sie mit ihrer starken Persönlichkeit alle diese Teile je nach Lust und Laune zu einem neuen Ganzen zusammensetzen konnte.

Kurz vor Kriegsbeginn verließ Leonor Paris und zog nach Monte Carlo. Dort heiratete sie den Italiener Federico Veneziani. Er war jüdischen Glaubens, und sie wollte ihn schützen. Die Ehe wurde nach dem Krieg annulliert. Zahlreiche Porträts von Schriftstellerinnen und Schauspielern wie Anna Magnani und Federico Fellini entstanden.

Die Kriegsjahre verbrachte Fini mit ihrem Lebensgefährten, dem adligen italienischen Diplomaten und Maler Stanislao Lèpri, in Mailand und Rom. In der Zeit entstand *Porträt von Nico, Monte Carlo 1942*. Der männliche Akt liegt mit über dem Kopf verschränkten Armen und in den Knien abgewinkelten Beinen in freier Natur schlafend auf dem Boden, um ihn verstreut goldene Schnörkel, vielleicht Teile eines alten Bilderrahmens oder Spiegels oder abgebrochene Stuckelemente. Der Mann in der Rolle des von Artemis bewachten, schlafenden Endymion erscheint häufig auf ihren Bildern, weil, so Fini, »Männer durch die Verpflichtungen von Arbeit, Gesellschaftsleben und Krieg unempfänglich sind für ein Leben des Geistes«. Am bekanntesten wohl *Erdgottheit, die den Schlaf eines Jünglings bewacht* aus dem Jahr 1946, wo eine schwarze Sphinx mit geschlossenen Augen und prächtig geschmücktem Haar hinter einem nackten, schlafenden jungen Mann lagert. Im Januar 1943 stellte Fini in der *Exhibition of 31 Women* in Peggy Guggenheims Galerie The Art of This Century aus. Die Schau gilt als Meilenstein in der Geschichte der Frauenkunst: Werke von Künstlerinnen aus 16 Nationalitäten, dem Surrealismus, der Abstraktion oder Dada zugehörig, kuratiert von Marcel Duchamp. Max Ernst hatte Leonors Bild *Die Hirtin der Sphinxe* 1941 in ihrem Atelier gesehen. Peggy Guggenheim präsentierte das Bild nicht nur, sie erwarb es für ihre Sammlung. Ein großer Frauenakt mit einem Metallschutz vor dem Unterleib stemmt seinen Hirtenstab fest in den Boden. Die Figur steht in einer apokalyptischen Landschaft aus Braun- und Grüntönen. Um sie lagern Sphinxe, zwischen ihnen liegen Knochen.

Sphinx Regina von 1943 spielt das Naturthema weiter. Mit Dürer'scher Nahsicht zeigt Fini ein Stück Acker und Kohlblätter, auf denen mehrere Schnecken kriechen, trockene Gräser, Teile eines skelettierten Tierkopfes, aus dem den Betrachter, die Betrachterin ein gelbes Auge anblickt. Vielleicht eine tote Eule? Sich hineinfühlen in Moose, Gräser, Knochen, in das Wachsen, Werden und Vergehen der Natur, sterben, um wieder aufzuerstehen. Ein Motiv, das sie auch 1949 in *Das Ende der Welt* umtrieb. Da zeigt sie eine junge blonde Frau, bis zur Brust in dunklem Wasser, auf dem trockene Blätter und Pflanzen sowie Vogel- und Tierköpfe schwimmen. Über dem hohen Horizont flammt ein roter Himmel.

Außerdem illustrierte Leonor Fini in den Kriegsjahren das Buch ihres früheren Liebhabers André Pieyre de Mandiargues *Dans les années sordides* (*In den schmutzigen Jahren*). Sie setzte Texte von Baudelaire, Poe und Shakespeare um, bewunderte die Schriften des Marquis de Sade und schuf 1944 insgesamt 22 Radierungen für eine Prachtausgabe seines Romans *Juliette*.

Leonor Fini erlebte das Ende des Zweiten Weltkriegs in Rom. 1946 kehrte sie nach Paris zurück. Von nun an beschickte sie fast jedes Jahr mehrere Ausstellungen. Im Juni 1947 zierte ein mit Muscheln geschmückter Mädchenkopf von der Hand Leonor Finis den Titel von *Harper's Bazaar*. Sie schuf außerdem Bühnenbild und Kostüme für George Balanchines Ballett *Le Palais de Cristal* an der Pariser Oper. Es folgten 1963 Wagners *Tannhäuser*, 1964 und 1969 die Schauspiele *Lucretia Borgia* von Victor Hugo und *Le balcon* von Jean Genet.

Mit Stanislao Lèpri und dem polnischen Schriftsteller Konstanty Jeleński sowie zahlreichen Katzen lebte sie zunächst in der Rue Payenne, später in der Rue de la Vrillière. »Die Ehe hat mich nie angesprochen, ich habe nie mit einer Person zusammengelebt. Seit ich achtzehn war, habe ich es immer vorgezogen, in einer Art Gemeinschaft zu leben – einem großen Haus mit meinem Atelier und Katzen und Freunden, mit einem Mann, der eher ein Liebhaber war, und einem anderen, der eher ein Freund war. Und es hat immer funktioniert.«

Im Turm aus dem Jahr 1952 wird meist als Selbstporträt der Künstlerin im langen, schulterfreien schwarzen Kleid interpretiert, die einen nackten jungen Mann zum Fuße einer Steintreppe führt. Das Rot seines Umhangs soll auf das Thema Alchimie hinweisen. Das Bild entstand, als sich Fini mit Lèpri und Jeleński an der Adria aufhielt. *Selbstporträt als Engel* von 1955, mit Feder, Pinsel und Tusche auf Papier ausgeführt, zeigt Leonor mit mächtigen Flügeln und großen Augen in einem erstaunten Gesicht und mit wuscheligem Haar.

In den 1960er-Jahren verbrachte Fini mit ihren beiden Lebensgefährten viele Sommer in Nonza auf Korsika. Dort schlüpften die drei vor den alten, halb zerfallenen Gemäuern eines Klosters in historische Kostüme oder solche der Fantasie und ließen sich fotografieren. Leonor Fini wurde zur Vogelfrau mit gewaltigen Federn auf dem Kopf, gehüllt in weite, plissierte Gewänder, zur Muschelfrau, zum Erdgeist. Diese Fotos und die Äußerungen Leonors, sie interessiere sich durchaus auch für Frauen, lieferten Skandalthemen für die Presse.

Der Stil ihrer Bilder vereinfachte sich mit der Zeit, die lasierten Oberflächen verschwanden, der Surrealismus verlor an Bedeutung und machte Elementen der fantastischen Kunst Platz. Ruhige Frauen, deren Haar unter einem Turban verschwindet, sitzen jetzt vor gefliesten Wänden oder Wandteppichen. Die große nackte *Heliodora* von 1964, deren Vorfahrinnen Gustav Klimt in Gold verewigt hat, steht weiß und statuarisch mit flammend rotem Haar vor einer dunklen Türöffnung, in jeder Hand hält sie ein großes buntes Blumenbouquet. Der Mann als Blumenstrauß? *Die beiden Schwestern Jeleaux* von 1976 blicken gebannt auf einen weißen Kakadu, der auf einer Stange sitzt. *Große Neugierde* formuliert 1983 noch einmal das Thema Voyeurismus und führt es ad absurdum: Eine blonde junge Frau steht in violetter Kleidung in einem violetten Zimmer und blickt durch ein Guckloch in der Wand in ein zweites violettes Zimmer, dort steht nichts als ein leerer Sessel.

Ihre beiden Lebensgefährten starben in den Jahren 1980 und 1987. Das warf Leonor Fini auf sich selbst zurück. »Ich ziehe, selbst immer traurig, die Gegenwart vor – und sie ist Vergangenheit geworden.« 1994 bereitete sie mit Joe F. Bodenstein in Paris eine Ausstellung ihrer Grafiken und Zeichnungen für das Museum Europäische Kunst auf Schloss Nörvenich vor, doch zur Retrospektive in Anwesenheit der Künstlerin kam es nicht mehr. Am 18. Januar 1996 erlag Leonor Fini in Paris den Folgen einer Lungenentzündung. Ihre surrealistischen Bilder bevölkern bis heute, unendlich vervielfältigt und abgewandelt, Science-Fiction-Literatur und Tattoo-Studios. 2014 veranstaltete das Bildmuseet im schwedischen Umeå die Ausstellung *Leonor Fini. Pourquoi pas?*. 2019 folgte *Leonor Fini: Theatre of Desire* im Museum of Sex, New York. Im Jahr 2021 schließlich erschien eine zweibändige Buchausgabe ihrer Gemälde.

Eileen Agar: Zufallsfunde

Über einen langen Zeitraum hinweg hielt die britische Künstlerin am Prinzip der Collage und Montage fest, dehnte es aus auf Malerei, Skulptur, Fotografie und jede Art von Objekten. Überall brachte sie organische Formen zum Vorschein. Die Dinge fügten sich ihrer Hand, passten plötzlich. »Gemälde«, sagte Eileen Agar, »keimen wie ein Samen; im dunklen Boden und in den Tiefen der lebenden Korallen des Geistes.« Agars Vorliebe für Kunst als Kleidung, wie sie sie in ihrem Bouillabaisse-Hut zelebrierte, inspiriert die Mode bis heute.

Ihr Werk belegt, dass der Surrealismus kein Stil, sondern eine Lebenshaltung war. Dazu gehörte, dass die Mitglieder sich in der Gruppe engagierten, publizierten und an Ausstellungen teilnahmen. Eileen Agar bewunderte ihre männlichen Kollegen, aber sie bewahrte sich stets ein Höchstmaß an Unabhängigkeit.

Den Surrealismus interpretierte sie als genuin weibliche Kunst: »Die Bedeutung des Unbewussten in allen Formen von Literatur und Kunst begründet die Dominanz einer weiblichen Art von Vorstellungskraft über die klassische und männliche Ordnung.«

Desmond Morris schreibt in seiner furiosen Schilderung des Liebes- und Skandallebens der Surrealisten über die Künstlerin: »Ich lernte Eileen Agar erst kennen, als sie

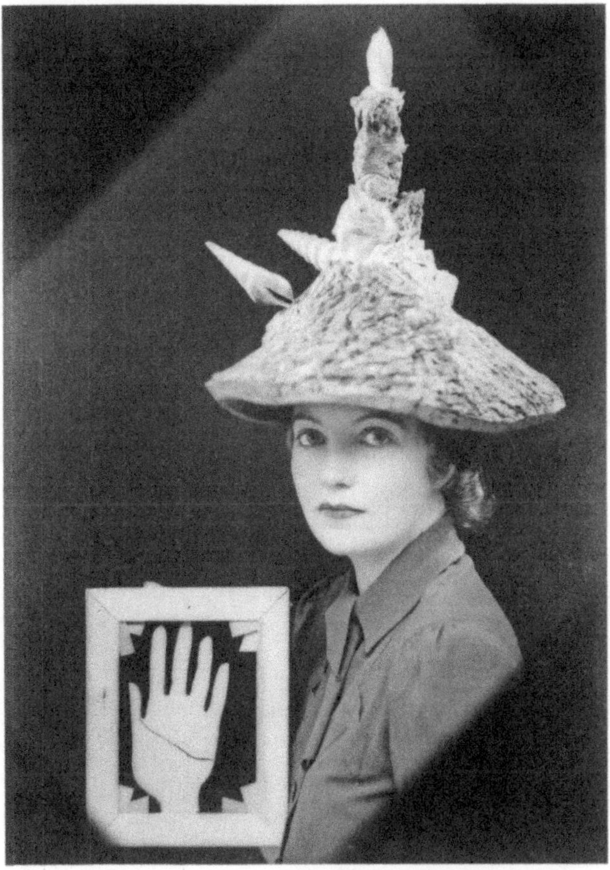

»Ich war stolz darauf, zu ihnen zu gehören.«
Eileen Agar, »Ceremonial Hat for Eating Bouillabaisse«,
Selbstporträt, 1936

bereits neunzig Jahre alt war. Und noch immer besaß sie Schönheit und Charme, womit sie in ihren jungen Jahren die Surrealisten verzaubert haben muss. Sie war schlank geblieben, saß kerzengerade da und lächelte spitzbübisch. Eine Aura fantasievoller Verspieltheit umgab sie, wie sie in so hohem Alter kaum mehr anzutreffen ist.«

Die ewig Jugendliche wurde am 1. Dezember 1899 als Tochter des schottischen Kaufmanns James Senior Agar und ihrer amerikanisch-englischen Mutter Mary Bagley in Buenos Aires geboren. Die wohlhabende Familie führte ein geselliges Leben. Eileen berichtete, sie und ihre Geschwister hätten die Eltern nur beim Gute-Nacht-Sagen zu Gesicht bekommen. Ihre übrige Zeit verbrachten sie mit dem Personal. Als Eileen neun Jahre alt war, machten die Eltern sogar eine neunmonatige Weltreise – ohne die Kinder. Ihrer eigenen Erinnerung nach war Eileen jähzornig und rebellisch. Einmal schlug ihre Mutter sie deswegen mit einer Haarbürste, sie hat es nie vergessen.

Die Landschaft ihrer Kindheit übte eine große Faszination auf Eileen aus: schön und schrecklich, Freiheit gewährend und Angst auslösend. Doch 1911 zog die Familie nach Canford Cliffs in Dorset, später ließ sie sich in London nieder, in einem herrschaftlichen Haus am Belgrave Square. Eileen besuchte eine traditionelle Mädchenschule. Die Mutter führte einen Salon und gab große Partys. Den Herbst verbrachten die Agars auf ihrem Landsitz in Schottland. Ein Butler, Hausmädchen, Diener, ein Chauffeur für den Rolls-Royce gehörten zum Lebensstil. Nach dem Ersten Weltkrieg lebte die Familie in einem Haus in Mayfair. Immer noch musste Eileen, auch wenn keine Gäste kamen, ein Abendkleid zum Dinner tragen.

Nun sollte sie standesgemäß verheiratet werden. Dagegen begehrte sie jedoch heftig auf, denn nicht das gehobene Gesellschaftsleben, sondern die Kunst wollte sie ins Zentrum ihres Seins stellen.

Eileen Agar setzte durch, was sie wollte, und begann 1920 ein Kunststudium an der konservativen Byam Shaw School of Art in London, unterbrochen von Kursen an der progressiveren Leon Underwood School in Hammersmith im Südwesten der Stadt. Dann wechselte sie an die Slade School of Fine Art. Dort wurde sie sich ihrer Position als Frau und Künstlerin bewusst. »Die meisten Männer dachten: Na ja, die Frauen werden heiraten und Kinder bekommen, und sie werden die Kunst vergessen ... Deshalb habe ich beschlossen, dass ich nie Kinder bekommen werde. Ich dachte: Du kannst nicht beides haben.« Und doch zerstörte sie 1925 die meisten ihrer bis zu diesem Zeitpunkt entstandenen Zeichnungen und Gemälde.

Nach einem Streit mit der Mutter zog Eileen von zu Hause aus. Sie fand ein Atelier in Chelsea und verliebte sich in den Mitstudenten Robin Bartlett, den sie wenig später heiratete. Als ihr Vater starb, konnte sie über eine jährliche Rente von 1000 Pfund verfügen. Eileen zog mit ihrem Mann in ein Bauernhaus in Südfrankreich. 1926 lernte sie den ungarisch-jüdischen Journalisten und Schriftsteller Jósef Diamant, später Joseph Bard, kennen und trennte sich von ihrem Ehemann. Bard ließ sich 1927 von der amerikanischen Journalistin Dorothy Thompson scheiden.

Eileen Agar und Joseph Bard lebten ab 1928 in Paris zusammen. Sie studierte Malerei bei dem tschechischen Kubisten František Foltýn, besuchte das Atelier des rumänischen Bildhauers Constantin Brâncuşi. Außerdem lernte sie André Breton und Paul Éluard kennen.

Ihr Gemälde *Drei Symbole* von 1930 zeigt einen tiefen Horizont unter hellblauem Himmel, eine Eisenbrücke, darüber schwebt eine Säule in den Farben der Trikolore, aus der ein Kopf wächst, daneben sehr klein die Westfassade von Notre Dame: Paris.

Agar und Bard unternahmen Reisen durch Europa und kehrten 1930 nach London zurück. Sie arbeiteten für das Avantgardemagazin *The Island*. Eileens Illustrationen machten die abstrakte Pariser Malerei und den Surrealismus in Großbritannien bekannt. Der britische Bildhauer Henry Moore, Schöpfer monumentaler figürlicher und abstrakter Werke, ermutigte sie in ihrem künstlerischen Schaffen, und sie lernte den amerikanischen Bildhauer Alexander Calder, Schöpfer filigraner Werke und Erfinder des Mobiles, kennen. Sie experimentierte mit neuen Fototechniken und Materialien, mit neuen Formaten, mit Collagen und ungewöhnlichen Objekten. Henry Moore schlug sie für die progressive, gegen die Royal Academy gerichtete London Group vor, der sie 1934 beitrat.

Ihre Büste *Engel der Gnade* (1934) weist Ähnlichkeit mit den Dada-Puppen von Hannah Höch und den bemalten, abstrakten hölzernen Dada-Köpfen von Sophie Taeuber-Arp aus den Jahren 1918 bis 1920 auf. Agar benutzte einen Gipsrohling, also ein vorgefertigtes Teil, das sie durch Bemalung, Aufkleben von Papier und Fasern sowie ornamentale Einritzungen veränderte. Das Ergebnis ist streng und geometrisch unterteilt: die rechte Gesichtshälfte silbern, schwarz und rot die linke, ein spitzes Kinn, mit einem roten Stern dekoriert. Der unerbittliche

Gesichtsausdruck scheint dem Wissen geschuldet, Gnade sei immer auch ein Ausdruck von Macht. Eine Deutung, sehr passend zum rebellischen Wesen Agars.

Um 1935 mieteten Agar und Bard ein Sommerhaus in Swanage in Dorset. Hier begann Eileen eine Beziehung zu dem Landschaftsmaler Paul Nash, einem Wegbereiter der Moderne in Großbritannien. Gemeinsam sammelten sie Hölzer am Strand und schufen erste *objets trouvés*: »Ich mag es sehr, verschiedene Objekte, verschiedene Dinge zusammenzusetzen, um ein völlig neues Objekt zu schaffen.«

Die Bloomsbury Gallery zeigte 1936 Eileen Agars erste Einzelausstellung mit Collagen, Skulpturen und solchen Objekten. Nach dem großen Erfolg empfahl Paul Nash sie Herbert Read und Roland Penrose, die im selben Jahr die Surrealisten-Ausstellung in London kuratierten. Eileen war noch Jahrzehnte später erstaunt, wie prominent sie vertreten war: »Damals betrachteten Männer Frauen einfach als Musen, sie dachten nie, dass sie selbst etwas für sich erschaffen könnten, und ich bin immer wieder erstaunt, dass sie mich in die Ausstellung von 1936 aufnahmen.« Agar zeigte drei Gemälde, unter ihnen *Quadriga* mit vier übermalten Pferdeköpfen, sowie fünf Objekte. Sie trat der Gruppe der Surrealisten bei und bekannte: »Ich war stolz darauf, zu ihnen zu gehören.« Mit den Surrealisten stellte sie auch in New York (1936), Tokio (1937) und Paris (1938) aus. Im September 1936 gab sie außerdem die vierte Ausgabe des *Bulletin International du Surréalisme* mit heraus.

Nun begann sie auch, ihre Fotos malerisch zu gestalten, wie zum Beispiel *Marienkäfer* von 1936, wo sie einen weiblichen Akt zart und träumerisch mit leichten Gouache-Arabesken übermalte. Im selben Jahr schuf sie ihren *Handschuh-Hut* für Elsa Schiaparelli, einen Strohhut nach Art der chinesischen Kuli-Hüte, dekoriert mit einem Paar beiger Lederhandschuhe, die rote Fingernägel zieren.

Im Sommer 1936 besuchte Eileen Agar Ploumanac'h, einen kleinen Hafenort an der bretonischen Nordküste, war fasziniert von den Felsformationen und fotografierte. In Lambe Creek House nahe Truro in Cornwall verbrachte sie den restlichen Sommer mit Joseph Bard. Gemeinsam mit Nusch und Paul Éluard, Roland Penrose und Lee Miller machte sie es zu einem Ort der Surrealisten. Auch das neue Liebespaar Leonora Carrington und Max Ernst kam hinzu. Zahlreiche Fotos erzählen von unbeschwerten Tagen, dem Glück der Freundschaft, dem Zauber der Liebe. Die Gruppe zog weiter nach Mougins bei Cannes, wo Eileen Pablo Picasso, der sich dort mit seiner neuen Geliebten Dora Maar aufhielt, sowie Man Ray traf. Eileen Agar liebte das Reisen und Feiern mit den Künstlerfreundinnen und -freunden.

Mit ihrer Vorliebe für extravagante Kleidung setzt sich ihr bekanntestes Werk humorvoll auseinander: *Der festliche Hut zur Bouillabaisse* (1936). Ein Exemplar ist heute im Victoria and Albert Museum in London ausgestellt. Auf einer gewölbten und bemalten Korkplatte fixierte Agar Fundstücke wie Fischgräten, Muscheln, Korallen. Prosaische Küchenabfälle oder mystischer Meeresboden? Es existieren zahlreiche Fotos, auf denen sie den Hut aufsetzte, noch Jahrzehnte nach seiner Entstehung. Sie behielt ihn ein Leben lang in ihrem Besitz.

Glückliches Frühstück von 1937 zeigt eine Frau mit doppeltem Profil vor rotem und blauem Hintergrund. Vor ihr auf dem Tisch steht eine Schale für Milchkaffee. An Kopf und Hals der Frau hat die Künstlerin nicht nur keine Farbe aufgetragen, sondern auch die Bindung der Leinwand so ausgedünnt, dass ein lockeres Gerüst zu sehen ist.

1938 beteiligte sich Eileen Agar an der Surrealisten-Ausstellung in der Galerie des Beaux Arts in Paris. Neben frühen Assemblagen aus Steinen, Muscheln und Ästen zeigte sie *Engel der Gnade* (1934) und den späteren *Engel der Anarchie* (1938). Letzterer spielte auf einem Gipsabdruck von Kopf und Gesicht des Freundes Joseph Bard gezielt mit weiblichen Attributen wie Federn, einem Seidenschal und Perlen. Eine Auseinandersetzung mit der Frage: Gibt es eine weibliche und eine männliche Kunst? Sind die Dinge, was sie scheinen? Auf jeden Fall ironisierte Agar damit die Erwartungshaltung gegenüber Künstlerinnen. Der Kopf befindet sich heute in der Tate Gallery in London.

Eileen Agar und Joseph Bard heirateten 1940. Während des Zweiten Weltkriegs engagierte sie sich bei der Versorgung der Soldaten in einem Kasino. Ab 1946 wandte sie sich wieder der Malerei und dabei mehr und mehr der Abstraktion zu. Diese ist jedoch nicht kühl und konstruiert, sondern bunt, organisch, fröhlich, unbezähmbar, magisch. Weiblich? Neben TOYEN und Kay Sage zeigte Eileen Werke in der Ausstellung *Le surréalisme en 1947* in der Galerie Maeght in Paris. In den frühen 1950er-Jahren fertigte sie Frottagen und malte mit Acrylfarben. Inzwischen mischte sie spontane, also tachistische, und surrealistische Elemente. *Lewis Carroll mit Alice* (1961) zeigt ein halb abstraktes Doppelporträt in einem ornamental fantastischen Wunderland. Links eine Figur in dunklen

Farben, rechts eine in hellen, freundlichen mit blonden Haaren. Wer ist Lewis und wer Alice?

1975 starb Joseph Bard, er war bereits lange Zeit auf die Unterstützung und Pflege seiner Frau angewiesen gewesen. Eileen Agar arbeitete weiter, stellte aus. Bereits in ihren Achtzigern, modelte sie für den japanischen Designer Issey Miyake, in dessen farbenfrohen leichten Seidenstoffen und variablen Formen sie surrealistische Ideen wiederfand. Ein Jahr nach einer großen Retrospektive in London erschien 1988 ihre Autobiografie *A Look at My Life*. Am 17. November 1991 starb Eileen Agar 91-jährig in London. Sie selbst resümierte: »Ich habe mein Leben in der Revolte gegen die Konvention verbracht und dabei versucht, in die tägliche Existenz Farbe, Licht und ein Gefühl für das Geheimnisvolle zu bringen.«

Leonora Carrington: Im Märchenwald

Die Bilder von Leonora Carrington sind voller Tierwesen, Monster und geheimnisvoller Rituale. Am Beginn ihres Schaffens ging sie eine Beziehung mit dem 26 Jahre älteren Max Ernst ein, die ihr Leben und ihr Werk überschattete. »Ich hatte nicht das Gefühl, ein Genie zu werden, nur weil ich Max kennengelernt hatte«, betonte sie im Rückblick. Sie habe vor und nach der Beziehung gemalt. Aber immer wieder wurde sie auf den berühmten Maler angesprochen.

Als schöne, zarte junge Frau mit wilden schwarzen Locken und dunklen Augen bezauberte Leonora ganz Paris. Ihre Exzentrik traf den Nerv der Surrealisten. Breton erzählte von den ungenießbaren Menüfolgen, die sie aus alchimistischen Kochbüchern zusammenstellte, sowie von einem Abendessen in einem Restaurant, bei dem sie ihre Schuhe auszog, die Beine auf den Tisch legte und mit Senf bestrich. Auch ihre Erzählungen und Theaterstücke handeln häufig mit viel Ironie und schwarzem Humor vom Kochen und Essen – beides ist stets gefährlich.

Die Bezeichnung Surrealistin lehnte Leonora Carrington jedoch ab, wollte stattdessen als individuelle Künstlerin wahrgenommen werden. Ein Leben lang suchte sie in Text und Bild eine Sprache, die nur aus sich heraus verständlich war. Sie wandte sich Märchenfiguren zu, fand

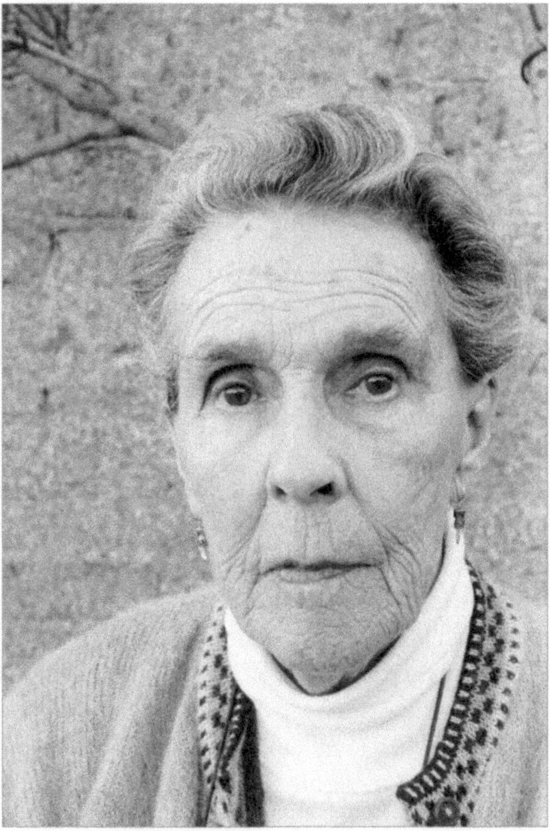

»Der Surrealismus enthielt jene Welt, in die ich aus mir unbekannten Gründen hineingeboren wurde.«
Leonora Carrington, 1998

Zugang zu einer imaginären Welt und fantastischen Landschaften. An den Tieren faszinierte sie eine Wildheit, die sich dem Menschen nicht fügt. Letztes Ziel ihrer Kunst war die Begegnung mit einem anderen Teil ihres Selbst.

Mit den Jahren erweiterten sich ihr Repertoire und ihre Techniken: Zu den Gemälden, Romanen und Erzählungen traten Skulpturen, Stickereien und Puppen.

Auch mit ihrem Engagement gegen die Zerstörung der Natur, ihrer Infragestellung der Ausbeutung von Tieren und dem Bemühen um den Schutz von indigenen Völkern gilt sie heute als Pionierin.

Leonora Mary Carrington wurde als Kind einer überaus wohlhabenden Familie am 6. April 1917 in Clayton Green, Lancashire, geboren. Ihr Vater Harold Wylde Carrington war Besitzer eines Textilveredelungswerks, ihre Mutter Maureen Moorhead die Nichte von Maria Edgeworth, einer irischen Romandichterin der ersten Hälfte des 19. Jahrhunderts, fast so berühmt wie Jane Austen. Ihr Onkel zählte James Joyce zu seinen Jugendfreunden.

Das Mädchen wuchs mit drei Brüdern in Crookhey Hall bei Lancaster auf, einem großen Herrenhaus, umgeben von Parks und Wäldern, in einer Welt der diskreten Diener und Stubenmädchen, die höchsten Wert auf Distanz und Etikette legte. »Meine Mutter sah ich am Tag nur ein einziges Mal: wenn ich von meiner Gouvernante zu ihr zum Tee geführt wurde.« Sie zeigte für all das kein Interesse, sondern großen Überdruss, liebte die Pferde, auf denen sie täglich ausritt, die Gespenstergeschichten und Heiligenlegenden ihrer irischen Amme, Märchen, die fantastischen Erzählungen von Lewis Carroll wie *Alice im Wunderland* und wünschte sich, von einem

Zauberer in ein Pferd verwandelt zu werden oder wenigstens in einen Jungen. Leonora begann den Traum von der Freiheit zu träumen und zeichnete dazu mit Eifer und Begeisterung.

Mehrere katholische Schulen vermochten weder ihren rebellischen Geist zu zähmen noch ihre Liebe zu den Bildern abzukühlen. Mit 15 Jahren besuchte Leonora eine Privatschule in Florenz, erkundete die Museen und begeisterte sich für die Farben des südlichen Landes. Nach einem kurzen Aufenthalt in einem Pariser Internat kehrte sie nach England zurück, denn nun sollte sie eine standesgemäße Ehe eingehen. Die Eltern mieteten für die Saison eine Wohnung in Mayfair, Leonora wurde Debütantin und bei Hofe eingeführt. Die gewünschte Verlobung blieb jedoch aus.

Leonora Carrington besuchte stattdessen die 1935 gegründete Kunstschule von Amédée Ozenfant und wohnte in einer Pension. Am liebsten zeichnete sie ihre inneren Bilder: bevölkert mit Pferden, Affen, Leoparden, Vögeln. Wie hatte sie diese Freiheit nur gewinnen und durchsetzen können?

Im Rahmen der *International Surrealist Exhibition* von 1936 erfuhr sie von Gemälden, die das Unbewusste sichtbar machten, sie begegnete zum ersten Mal Werken von Pablo Picasso, Paul Klee, Man Ray, René Magritte, Marcel Duchamp und Max Ernst.

Im darauffolgenden Sommer eröffnete Roland Penrose in der Mayor Gallery eine Einzelausstellung von Max Ernst. Leonora folgte der Einladung zu einem Dinner, dem Künstler zu Ehren. Die 19-Jährige begegnete einem gut aussehenden, groß gewachsenen Mann mit markanten Zügen, weißen Haaren, leuchtend blauen Augen, einem spöttischen Lächeln. Dem Maler magischer Landschaften, strahlend farbiger Fabelwelten. Einer Kultfigur, überragend, fern, sich selbst als Dadamax, Schnabelmax, Loplop, der Oberste der Vögel stilisierend.

Sie verliebten sich heftig ineinander und feierten das in Lambe Creek House an der Küste Cornwalls mit Eileen Agar und Joseph Bard, mit Man Ray und seiner neuen Freundin Ady Fidelin, Paul und Nusch Éluard, Roland Penrose und Lee Miller.

Dann brannten die beiden nach Paris durch. Max Ernst mietete eine Wohnung in der Rue Jacob in Saint-Germain-des-Prés. Leonoras Vater versuchte natürlich mit allen Mitteln, aber vergeblich, die Beziehung zu beenden. Leonoras *Selbstporträt* von 1937 zeigt sie in einem leeren Zimmer in einem blauen Sessel. Sie trägt schwarze Stiefeletten, eine enge weiße Hose und eine grüne Reiterjacke. Wilde Locken lodern um ihr Gesicht. Vor ihr sitzt eine Hyäne, hinter ihr an der Wand hängt ein weißes Schaukelpferd. Durch das von einem gelben Vorhang gerahmte Fenster sehen wir ein weißes Pferd fliehen, es ist Teil ihrer Vergangenheit. Das Schaukelpferd dagegen hatte sie vor Kurzem bei einem Pariser Trödler erstanden. Hyäne, Pferd und Schaukelpferd bevölkern auch ihre frühen Erzählungen. Das Pferd wurde zu ihrem Alter Ego, verewigt in vielen Bildern, ebenso die Hyäne: »Ich bin wie eine Hyäne, ich steige in die Mülltonnen. Ich habe eine unersättliche Neugier.« Noch im selben Jahr trat sie den Surrealisten bei. Das *Selbstporträt* schenkte sie Max Ernst.

1938 nahm Leonora mit zwei Gemälden an der *Exposition Internationale du Surréalisme* in Paris teil, darunter

Die Pferde des Lord Candlestick. Sie hatte das Bild direkt nach ihrer Flucht mit Max Ernst zu malen begonnen. Lord Candlestick war der humorvolle Spitzname, den sie ihrem Vater als Kind gegeben hatte. Die acht wilden Pferde, von denen eines sogar auf einen Baum gesprungen ist, spiegeln vielleicht verschiedene Aspekte ihre Seele: die Angst, die der Befreiungsschlag aus der elterlichen Welt in ihr auslöste, sowie den Teil, der das Ganze mit Humor betrachtete.

»Der Surrealismus enthielt jene Welt, in die ich aus mir unbekannten Gründen hineingeboren wurde.« Auf die Frage, ob sie also bereits Surrealistin gewesen war, bevor sie den Surrealismus kennengelernt hatte, antwortete sie: »Ja, irgendwie schon. Nur besaß ich weder die Überzeugungen noch die Philosophie der Surrealisten.«

Bereits im Herbst 1937 waren Leonora Carrington und Max Ernst auf einer zweiten Flucht vor seiner Noch-Ehefrau Marie-Berthe Aurenche und deren Vater, dem Polizeipräfekten von Paris, nach Saint-Martin d'Ardèche bei Avignon gekommen. Zunächst wohnten sie in einem Hotelzimmer. Als Marie-Berthe sie aufspürte, war Max zwischen ihr und Leonora hin- und hergerissen. Im Winter verließ er die Geliebte, fuhr nach Paris, organisierte die große Surrealisten-Ausstellung mit. Leonora war hilflos eifersüchtig. »Ich glaubte, Max würde niemals zurückkommen. Ich wusste nicht, was aus mir werden sollte.« Sie wartete, half der Wirtin der Dorfkneipe, wurde zur Attraktion, die Durchreisende unterhalten musste. Im Frühling kehrte Max zurück. Er hatte sich von Marie-Berthe getrennt.

Leonora wollte Max an sich binden und kaufte im August 1938 ein halb verfallenes Bauernhaus aus dem 17. Jahrhundert, erreichbar nur durch einen Fußweg vom Dorf aus. Hinter der Haustür eine Küche mit Steinboden, ein Ausguss aus Stein, ein zweites kleines Zimmer und eine Treppe zum Obergeschoss mit zwei Schlafzimmern. Zu dem Haus gehörten 260 Hektar Land.

Da war es wieder, das geliebte Licht des Südens. Leonora und Max schufen Skulpturen, Malereien, Reliefs. Den Garten, die Mauer, das Innere bevölkerten Fabelwesen aller Art: Minotauren, Sirenen, Masken, Schutzgeister – ein surrealistisches Gesamtkunstwerk. Leonora bemalte Tische, Türen und Schränke und schrieb auf einer alten tragbaren Maschine *Das Haus der Angst* (1938). Im Vorwort fragt Max Ernst: »Wo kommen auf einmal diese beiden sonderbaren Gestalten her, die langsam die Straße entlanggehen, gefolgt von tausend Zwergen? Ist das der Mann, den man wegen seiner sanften und grimmigen Gemütsart Loplop, den Obersten der Vögel, nennt? … Und die Frau, um deren Oberarm sich eine dünne Blutspur windet – sollte das etwa die Windsbraut sein?« Außerdem verfasste Leonora *Die ovale Dame* und *Der kleine Francis*, einen Schlüsselroman des Sommers 1937, die eigene Beziehung zu Max in die zwischen Onkel und Neffe gewandelt, die Steine und Pflanzen sprechen hören. Am Schluss hat Francis einen Pferdekopf – infolge seines gebrochenen Herzens.

Lee Miller und Roland Penrose besuchten das Paar im Sommer 1939. Auch Leonor Fini und André de Mandiargues fanden sich ein. Lee fotografierte: Max sitzt aufrecht, mit strahlenden Augen, den Arm um ein dunkelhaariges Mädchen gelegt, das sich klein macht und unbestimmt lächelt. Leonor zeichnete ein Porträt von Leonora.

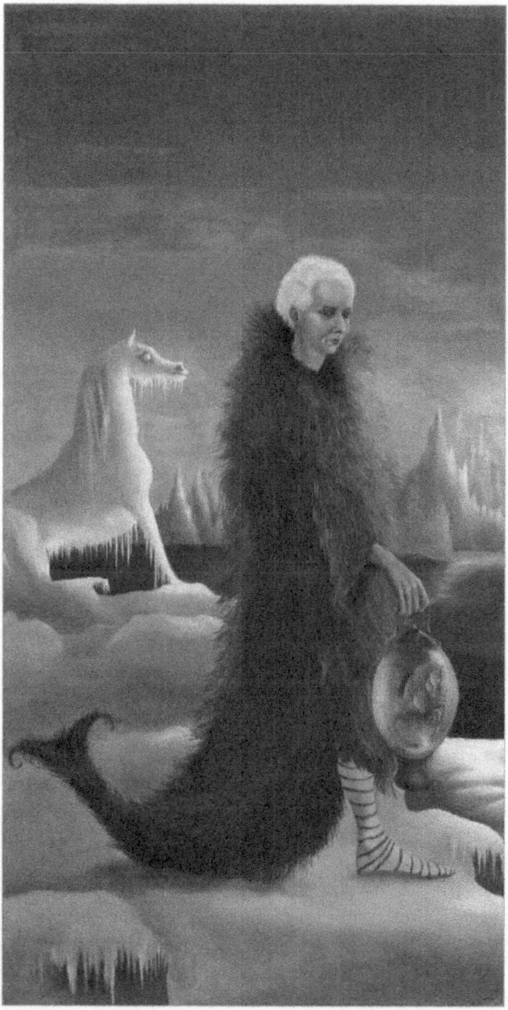

Leonora Carrington, »Bird Superior«,
Porträt von Max Ernst, um 1939

Leonora Carringtons *Porträt Max Ernst*, um 1939 entstanden, zeigt den Geliebten im roten Vogelkostüm, das in einem Fischschwanz ausläuft, und gelb-schwarz geringelten Socken. Es schlägt also eine Brücke zu seiner ritualisierten Identität als Loplop oder Vogeloberster, die Ernst in vielen Gemälden, Collagen und Druckgrafiken formulierte. Jetzt steht er allein in einer arktischen Eislandschaft, in der Hand eine grüne Glaslaterne, in deren Innerem sich ein durchsichtiges Pferd abzeichnet, ebenso steht ein Pferd aus Eis links hinter ihm. Zwei Mal erscheint das Pferd Atavar, also Leonora, hier eingefroren und gefangen im Eis – und in der Beziehung zu Max Ernst?

Nachdem Deutschland Polen überfallen hatte, erklärte ihm Frankreich den Krieg. Max Ernst lebte seit 18 Jahren in diesem Land. Jetzt wurde er zum »feindlichen Ausländer«. Alle deutschen Männer zwischen 17 und 50 Jahren mussten sich auf den Rathäusern melden und wurden in Sammellagern interniert. Max folgte dem Aufruf nicht, bis zwei Gendarmen ihn schließlich in Handschellen abführten und ins nächstgelegene Gefängnis und von dort ins Lager Les Milles bei Aix-en-Provence brachten. Ernst traf dort seinen Kollegen Hans Bellmer. Sie malten und zeichneten ohne Unterlass. Ernst arbeitete an neuen Techniken, malte Gesichter auf die Böden der Käseschachteln, immer von derselben Frau: Leonora.

Paul Éluard verwandte sich beim Staatspräsidenten persönlich für den Freund, und so kam Max Ernst am 23. Dezember 1939 wieder in Freiheit. Zum zweiten Mal eilte er zurück zu Leonora. Er erholte sich, malte weiter an den Hausgeistern. Inzwischen unterstützen ihre Eltern Leonora finanziell.

Mit Beginn des deutschen »Frankreichfeldzugs« im Frühjahr 1940 setzte im Süden des Landes eine neue Verhaftungswelle ein. Max Ernst kam wieder nach Les Milles. Leonora erlitt einen psychischen Zusammenbruch, hervorgerufen durch die traumatische Trennung. Die Künstlerin Catherine Yarrow traf aus England ein, drängte die Freundin zur Flucht nach Spanien. Mitte Juni war die Abreise beschlossen. Leonora verkaufte das Haus. Sie und Catherine erhielten ein Visum für Spanien. Frankreich unterschrieb am 22. Juni den Waffenstillstand von Compiègne. Max Ernst konnte fliehen und kehrte an die Ardèche zurück. Keine Leonora!

Madrid, Anfang August 1940: »Es war nicht mehr nötig, Geräusche, Berührungen oder Gefühle in rationale Begriffe oder Wörter zu übersetzen. Ich verstand jede Sprache in ihrem besonderen Umfeld ... Ich war alles, alles war in mir.« Aus Ohnmacht war Allmacht geworden. Am 23. August wurde Leonora in eine private Nervenheilanstalt eingeliefert. »Ich hatte vorher keine Ahnung, dass so viel Schmerz überhaupt möglich ist. Junge Menschen wissen das einfach nicht.« Sie kämpfte vier Monate, willigte in die Überstellung in eine andere Klinik ein, in Lissabon gelang ihr die Flucht ins mexikanische Konsulat. Um ausreisen zu können, heiratete sie den mexikanischen Schriftsteller und Diplomaten Renato Leduc.

Alle Versuche, Max Ernst ein Einreisevisum in die USA zu beschaffen, scheiterten, bis Peggy Guggenheim ihn in Marseille traf, ihm für eine hohe Summe Bilder abkaufte und ihre Kontakte spielen ließ. Über Spanien gelangten sie nach Portugal, wo Max Leonora noch einmal traf – danach trennten sich ihre Wege.

Am 13. Juli 1941 bestieg Max mit Peggy und ihren Kindern das Schiff nach New York. Ende des Jahres heirateten sie. Kurz darauf schiffte sich auch Leonora an der Seite von Renato Leduc dorthin ein. Ihre Arbeiten zeigte sie zum ersten Mal im Oktober 1942 in New York: in der Ausstellung *First Papers of Surrealism*, kuratiert von André Breton und Marcel Duchamp, von Elsa Schiaparelli finanziell unterstützt. Auch Bilder von Kay Sage hingen in dem mit einem Netz aus Bindfaden durchzogenen Raum.

Mit Leduc emigrierte Leonora Carrington Ende des Jahres nach Mexiko. Dort war Frida Kahlo aus dem künstlerischen und persönlichen Schatten ihres Mannes getreten, Inés Amor hatte, unterstützt von der Fotografin Lola Álvarez Bravo, 1940 die *Exposición Internacional del Surrealismo* realisiert. Die spanische Malerin Remedios Varo war ins Land gekommen. Leonora freundete sich mit ihr an, sie kannten sich aus den Pariser Surrealisten-Kreisen. Mit der ungarischen Fotografin Kati Horna bildeten sie ein künstlerisches Netzwerk.

Leonora Carrington schickte im Januar 1943 mehrere Bilder zur *Exhibition of 31 Women* in Peggy Guggenheims Galerie The Art of This Century. Max Ernst traf während der Ausstellungsvorbereitung die junge amerikanische Künstlerin Dorothea Tanning, und er verließ Peggy Guggenheim. Leonora hatte *Unten* geschrieben, den Bericht über ihre psychische Krise, und trennte sich von Leduc. Durch Kati Horna lernte sie den ungarischen Fotografen Emérico (Chiki) Weisz, einen Freund von Robert Capa, kennen.

Direkt nach dem Ende des Zweiten Weltkriegs erlebte sie eine äußerst kreative Phase. Auf der Suche nach brillanten Farbwirkungen studierte sie mittelalterliche Maltechniken, die sie in *Die Zerstreuungen des Dagobert* unter Beweis stellte. »Ich mag Tempera, Ei-Tempera. Es ist eine sehr alte Technik, die Holländer und die Italiener haben sie entwickelt. Die Dichte der weißen Grundfarbe kommt immer zum Vorschein. Dadurch wird das Bild heller als ein Ölgemälde. Außerdem erinnert mich der Vorgang ans Kochen.« Hieronymus Bosch wurde ihr Lieblingsmaler. 1946 heiratete sie Chiki Weisz und lebte mit ihm in einem Haus in der Colonia Roma, einem malerischen Viertel von Mexiko-Stadt. Ihre Söhne waren später ebenfalls künstlerisch tätig: Gabriel als Autor, Pablo als Maler.

Das Buch *The White Goddess* von Robert Ranke Graves, erschienen 1948, setzt sich mit den Ursprüngen des Matriarchats in Europa auseinander. Nach seiner Lektüre rief Leonora Carrington Göttinnen, Zauberinnen und Hexen in ihrem Atelier an, malte sie schwebend, klein und zufällig, ganz ohne Pathos, und umgab sie mit Fabelwesen. Sie schuf Skulpturen, schrieb Romane, Theaterstücke, Kurzgeschichten, widmete sich den Ritualen und magischen Überlieferungen Mexikos. Immer tat sie das mit der ihr eigenen spielerischen Ironie. 1953 erschien das Buch der frankomexikanischen Anthropologin Laurette Séjourné *Supervivencias de un mundo mágico* (*Überlebende einer magischen Welt*), illustriert von Leonora Carrington.

André Breton lud Leonora zu der Ausstellung *Exposition Internationale du Surréalisme* (*EROS*) 1959 in Paris ein. Während Meret Oppenheim sich daran beteiligte und dann darüber ärgerte, lehnte sie ab, schlug aber vor, einen »Heiligen Geist« zu bauen und ihn mit allen Symbolen der

Männlichkeit auszustatten. Breton druckte den Brief im Katalog ab und bewies damit erstaunlich viel Humor. Im Jahr 1963 schuf Leonora Carrington im Auftrag der Regierung ein großes Wandgemälde für das anthropologische Museum in Mexiko-Stadt. Und sie entwarf das Plakat der mexikanischen Frauenbewegung. 1974 erschien ihr Roman *The Hearing Trumpet.*

Die 1980er-Jahre verbrachte die Künstlerin in New York und Chicago, wo sie sich an Aktivitäten der Chicago Surrealist Group beteiligte. 1986 erhielt sie in New York den *Lifetime Achievement Award der Women's Caucus of Art.* 1992 kehrte sie nach Mexiko zurück, schuf mehrere Brunnenfiguren, stellte gemeinsam mit ihrem Mann und ihren Söhnen aus und erhielt 2005 einen nationalen Kulturpreis. Ihr Gemälde *Der Jongleur* (1954) erzielte im selben Jahr bei Christie's mit 713 000 Dollar einen Rekordpreis. Zwei Jahre später starb ihr Mann. Am 25. Mai 2011 verließ Leonora Carrington in einem Krankenhaus in Mexiko-Stadt mit 94 Jahren diese Welt.

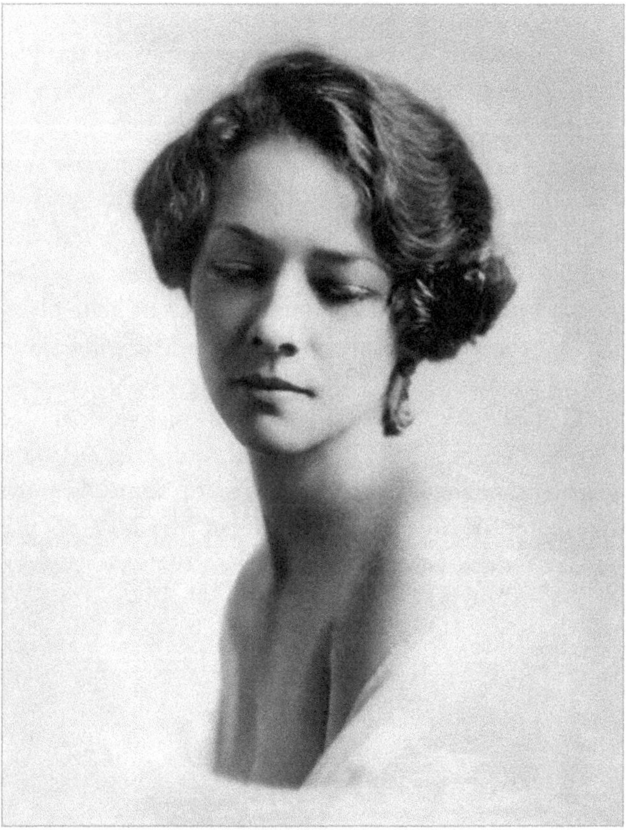

»Es wird keine Geschichte geben.«
Kay Sage, um 1925 in Rom

Kay Sage: Leere Welten

Das malerische Werk der Amerikanerin Kay Sage unterscheidet sich fundamental von dem aller anderen Surrealistinnen: Ihr galt die sichtbare Welt selbst als das Rätselhafte, Fremde schlechthin. Gegenstände gewinnen auf ihren Bildern Größe und pathetische Eindringlichkeit, werden zur unheimlichen Gefahr. Auch ihr poetisches Werk hinterfragt die Realität.

Die Pittura metafisica eines Giorgio de Chirico, seine Architekturensembles, isolierten Formen und harten Schlagschatten prägten das Schaffen von Kay Sage ebenso wie dessen historische Vorbilder Giotto, Masaccio, Uccello und deren archaische Idee von der Festigkeit der Dinge. Bereits frühe Bilder weisen allerdings auf eine eigene, sehr konstruktive Bildsprache hin.

Die Künstlerin schuf Traumlandschaften, Häuser, Türme, Arkaden, riesige Konstruktionen, zentral- oder multiperspektivisch. Grau, kalt, hypnotisierend, Kulisse für einen expressionistischen Film oder Science Fiction, ohne Menschen, Zugehörigkeiten, Gefühle.

Mit dem französischen Surrealisten Yves Tanguy ging Kay Sage eine Beziehung ein, die ihr Leben bestimmte. Größer hätten die Gegensätze nicht sein können als zwischen der reichen Amerikanerin und dem Bretonen, der zum Enfant terrible der Surrealisten-Szene geworden war, und doch passten sie zusammen, lebten und arbeiteten gemeinsam, seit sie sich 1938 in Paris kennengelernt hatten. Im Gegensatz zu ihm ist die Künstlerin in Europa immer noch viel zu wenig bekannt.

Katherine Linn Sage kam am 25. Juni 1898 in Albany, New York, als jüngere von zwei Töchtern auf die Welt. Ihr Vater Henry Manning Sage war ein erfolgreicher Geschäftsmann und Senator, die geliebte Mutter Anne Wheeler Ward schön, kapriziös, unkonventionell, rastlos. »Meine Mutter war morphiumsüchtig, mein Vater ein aufrechter Bürger.« Im Jahr 1900 trennten sich die Eltern, die Scheidung erfolgte 1908.

Kay bereiste mit ihrer Mutter Europa, lebte in Luxushotels und lernte mehrere Sprachen. Mit neun Jahren unternahm sie eine dreimonatige Reise durch Ägypten, die tiefe Eindrücke hinterließ. Auch bei ihrem Vater und dessen zweiter Frau verbrachte sie Zeit, dabei wechselte sie zwischen zwei völlig unterschiedlichen Lebenswelten.

1919 und 1920 belegte Kay Kurse an der privaten Corcoran School of the Arts & Design in Washington, D.C., dann zog sie nach Italien. In Rom besuchte sie die British School und die Accademia di Belle Arti und schloss sich der *Venticinque Della Campagna Romana* an, einer Gruppe von Landschaftsmalern.

In der italienischen Hauptstadt begegnete sie 1924 Ranieri Bourbon Del Monte, Principe Di San Faustino, den sie im Alter von 27 Jahren heiratete und mit dem sie in Rom und Rapallo lebte. Reisen führten das Paar nach Frankreich und Spanien.

Des Jetset-Lebens müde, ließ Kay Sage sich 1935 scheiden und widmete sich ganz der Malerei. In ihrer Autobiografie *China Eggs* betrachtete sie die Ehejahre als vergeudete Zeit. Sie hatte sich weder menschlich noch künstlerisch weiterentwickeln können, nicht herausgefunden, wer sie selbst war. Bereits in Rapallo hatte sie den Dichter Ezra Pound kennengelernt, der sie nun zu einem abstrakten Stil in der Malerei anregte. Im Dezember 1936 fand in der Galleria il Milione in Mailand ihre erste Einzelausstellung statt. Kay sah darin den Beginn ihrer Karriere.

1937 zog Kay Sage nach Paris, löste sich von ihrer dominanten Mutter, veräußerte ihren Schmuck und kaufte ein Appartement am Quai d'Orléans im 4. Arrondissement. Dort etablierte sie einen eleganten Salon, zeigte sich als interessante und großzügige Gastgeberin.

Auf der spektakulären *Exposition Internationale du Surréalisme* der Galerie des Beaux-Arts im Jahr 1938 sah sie Arbeiten von Arp, Dalí, Duchamp und Max Ernst. Von Giorgio de Chirico und Yves Tanguy kaufte sie je ein Bild für ihre Sammlung: de Chiricos Gemälde *Die Überraschung* (1913) und Yves Tanguys *Ich erwarte dich* (1934). Diese Anregungen lösten einen so großen Schaffensrausch aus, dass sie ein halbes Jahr später selbst sechs Bilder im Salon des Surindépendants ausstellte. Eines heißt *Ein wenig später* (1938) und zeigt zwei große Straußeneier in einer aus Quadern gebildeten Landschaft, ein rostiges Band und ein Metallteil. Alles fast monochrom in Ocker, Siena und Weiß. Die Surrealisten wurden auf die kraftvollen und schnörkellosen Bilder aufmerksam, glaubten aber, sie stammten von einem Mann.

Kay Sage und Yves Tanguy verliebten sich ineinander. Gemeinsam war ihnen die Begeisterung für das Werk de Chiricos, der die Kunst als eine Art der Prophezeiung betrachtete, den Maler als Sehenden, imstande, eine verborgene Realität zu erkennen und zu erkunden. Tanguy hatte 1923 in einer Ausstellung des Italieners beschlossen, Maler zu werden, sich zwei Jahre später dem Surrealismus zugewandt und intensiven Kontakt zu Breton, Aragon, Magritte, Dalí und Ernst aufgenommen. Mit Jacques Prévert und einem Freund, der in einem Hotel arbeitete, lebte er in einer kleinen Wohnung am Montparnasse. Hier entstanden die berühmten *Cadavres Exquis*.

Die bretonische Küstenlandschaft seiner Kindheit mit ihren bizarren Felsformationen wird Tanguy ein Leben lang inspirieren. Erste Bilder von 1927 zeigen eine lyrische Unterwasserwelt. Zehn Jahre später widmete Peggy Guggenheim ihm eine Einzelausstellung in London und begann eine kurze Affäre mit ihm. Und dann kam Kay: gut aussehend, selbstbewusst, weltgewandt, stilvoll, vermögend. Sie war bereits 40 Jahre alt, nahm ihr Kunstschaffen sehr ernst und rechnete es dem Surrealismus zu. Endlich schien die ewige Wanderin zwischen den Welten zur Ruhe zu kommen. Tanguy liebte sie – für immer.

Den Sommer 1939 verbrachte das Paar gemeinsam mit Jacqueline Lamba, André Breton, deren Tochter Aube und anderen Surrealisten im Tal der Rhône. Breton konnte Kay Sage nicht akzeptieren, ja er lehnte sie sogar ausdrücklich und heftig ab, schob zwar eine Kritik an ihren Bildern vor, war aber in Wirklichkeit eifersüchtig auf ihre Beziehung zu Tanguy, den er viele Jahre als Ziehsohn betrachtet hatte.

Bei Ausbruch des Zweiten Weltkriegs kehrte Kay Sage nach New York zurück. Dort gründete und finanzierte sie The Society for the Preservation of European Culture, die die Emigration vieler Surrealisten, auch die von André Breton, seiner Familie und Max Ernst, bewerkstelligte, Ausstellungen in den USA organisierte und die Künstler finanziell unterstützte. Im November konnte auch Yves Tanguy in die USA auswandern. Sage und er heirateten im August 1940 in Reno, Nevada. Auch für ihn war es die zweite Ehe.

Ihre erste Einzelausstellung in den USA mit 17 Gemälden aus den Jahren 1937 bis 1940 präsentierte Kay Sage 1940 in der New Yorker Galerie von Pierre Matisse, dem Galeristen und Jugendfreund ihres Mannes. Tiefe Verzweiflung über den Krieg drückt sich in den Bildern aus, extreme Perspektiven, weite Blicke, tiefe Horizonte. Eine hypnotische Ruhe liegt über allem. Aber für wie lange? *Achtung Baustelle!* von 1940 zeigt eine fragile Brücke über Wüstensand.

Im Januar 1943 beteiligte sich Kay Sage an der *Exhibition of 31 Women* in Peggy Guggenheims Galerie The Art of This Century. Ein Jahr später stellte sie bei Julien Levy aus, darunter *Ich sah drei Städte* (1944). Es zeigt ein um eine schmale rote Säule geschlungenes weißes Tuch, das über einer architektonischen Wüstenlandschaft flattert. Das Bild wird mit Bezug auf den 6. Juni 1944, die Landung der amerikanischen Truppen in der Normandie, als Symbol des Sieges interpretiert. Das weiße Tuch taucht wieder auf in *Kleines Bildnis* (1950): Das monumentale Gesicht einer Frau, »gebaut« aus geschwungenen Stahlreifen, erinnert an die Maske eines Fechters, den Hals bildet eine Stein- oder Betontreppe. Die Assoziation »Gesicht« wird vor allem durch geschmeidig fallendes, zwischen Gold und Rot changierendes »Haar« erzeugt, das sich vom für die Künstlerin typisch grau-grün-braunen Kolorit abhebt.

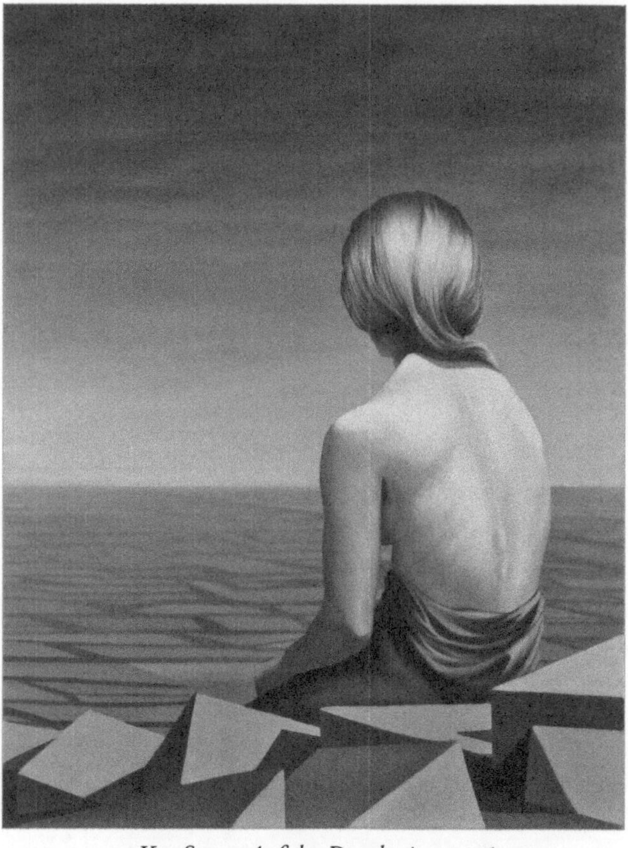

Kay Sage, »Auf der Durchreise«, 1956

Kay kaufte 1946 eine Farm in Woodbury, Connecticut. Ihr Haus machte sie zu einem Treffpunkt für die exilierten französischen Künstler. Doch Tanguy litt unter der Einsamkeit und trank mehr, als ihm guttat. Kay Sage, die vor mehr als zehn Jahren einen Prinzen verlassen hatte, blieb bei ihm, betrachtete ihn als die Liebe ihres Lebens und ihre künstlerische Inspiration.

Sie stellte in der Pariser Galerie Maeght in der Schau *Le Surréalisme en 1947* aus, 1952 folgte eine Präsentation in New York und nochmals eine in Paris. 1954 hatten Tanguy und Sage eine gemeinsame Ausstellung im Wadsworth Atheneum in Hartford, Connecticut.

Das Paar unternahm 1953 seine erste Europreise nach dem Krieg. 1955 starb Yves Tanguy überraschend an einer Gehirnblutung in Folge eines Sturzes. Er wurde 55 Jahre alt. Kays Welt stand nun auch außerhalb der Leinwand still. Aller Sinn, alle Zukunft schien ihr abhandengekommen. Kurze Zeit nach dem Verlust malte sie *Auf der Durchreise* (1956), das als Selbstbildnis verstanden wird. Es zeigt einen abgewandt sitzenden Frauenakt, der auf die unendliche Weite eines bewegungslosen Meeres blickt. Eine Metapher für das Leben in Einsamkeit, ohne Hoffnung.

Ihr letztes Gemälde von 1958 trägt den Titel *Die Antwort ist Nein*. Es zeigt Staffeleien mit leeren Leinwänden und markiert das Ende eines Künstlerinnenlebens. Inzwischen schrieb Kay Sage, trotz schwächer werdenden Augenlichts, an ihrer Autobiografie *China Eggs*. Das Ei war immer eines der Hauptmotive ihrer Malerei gewesen: Gegenpart zu ihren eckigen Formen, aber auch eine Formulierung des eigenen Ichs, voller Leben, mit einer zarten, verletzlichen Schale, unendlich kostbar und genauso gefährdet.

Chinesische Eier also, fremd, exotisch, nicht zugehörig. Autobiografische Erinnerungen über einen Zeitraum von 30 Jahren, also eine Wiederbelebung der Zeit, bevor sie Tanguy kennenlernte und sich den Surrealisten anschloss.

Der Text, 40 nummerierte Kapitel, die meist Personen- oder Ortsnamen tragen, ist ein Dialog zwischen zwei namenlosen Gesprächspartnern. Oder ein Dialog mit sich selbst? Ein Akt der Selbstvergewisserung? Wie *Nichtige Geständnisse* von Claude Cahun relativiert *China Eggs* sich selbst und hebt sich auf in bester surrealistischer Tradition.

Das erste Kapitel titelt: *Es wird keine Geschichte geben.* Kay erzählt darin von der Scheidung ihrer Eltern und deren katastrophaler Wirkung auf sie. »Ich laufe schnell über eine dünne Eisdecke. Ich kann entweder weitergehen oder stehen bleiben. Wenn ich stehen bleibe, bricht das Eis.« Auf die Aufforderung, auf die andere Seite zu gehen, antwortet sie, die gebe es nicht.

1959 beging Kay Sage einen Selbstmordversuch, mehrere Augenoperationen blieben erfolglos. Doch sie hatte sich noch eine Aufgabe gestellt: die große Tanguy-Retrospektive und die Fertigstellung des Werkverzeichnisses ihres Ehemanns. Als sie beides abgeschlossen hatte, schoss sich Kay Sage am 8. Januar 1963 eine Kugel ins Herz und starb. Zuvor hatte sie einen großen Teil ihrer privaten Papiere, Manuskripte, Briefe sowie die meisten der vor 1935 entstandenen Bilder und Zeichnungen vernichtet. In ihrem Abschiedsbrief schrieb sie: »Das erste Gemälde von Yves, das ich sah, bevor ich ihn kennenlernte, hieß *Ich warte auf dich*. Ich bin gekommen. Jetzt wartet er wieder auf mich – ich bin auf dem Weg.«

Frida Kahlo: Mater Dolorosa und Pop-Ikone

Sie trug am liebsten die festliche Tracht der Tehuanas, dazu komplizierte Flechtfrisuren, präkolumbischen Jade- und Silberschmuck, klimpernde Goldketten, auffällige Ohrringe und Ringe sowie Glöckchen an den Schuhen. Parfum, Make-up, Nagellack und Lippenstift dienten als Mittel der Selbstfindung. Auf ihren Bildern vermittelte Frida Kahlo Lebenserfahrung im Ausnahmezustand von Schmerz und Frustration und definierte den weiblichen Körper jenseits der Schönheit neu. Sie tat dies in einer Krassheit wie vor ihr nur Dürer und van Gogh.

Zentrum ihres Lebens war das Haus in der Calle Londres 247 in Coyoacán, einem südlichen Vorort von Mexiko-Stadt, dort wurde sie geboren, dort begannen ihre Passion und die exzessive Beschäftigung mit sich selbst. Sie machte es zu einem Gesamtkunstwerk. Und dort starb sie auch. Heute ist ihr Gesicht mit zusammengewachsenen Brauen und Damenbart eine Ikone des 20. Jahrhunderts, ihr Leben Kult.

Der protestantische Carl Wilhelm war 1890 mit 18 Jahren aus Pforzheim ausgewandert und hatte sich als Fotograf in Mexiko-Stadt niedergelassen. Als seine erste Frau, mit der er zwei Töchter hatte, 1897 starb, heiratete er die katholische Matilde Calderón y Gonzalez aus Oaxaca.

Die dritte von vier gemeinsamen Töchtern des Paares,

Magdalena Carmen Frieda Kahlo y Calderón, wurde am 6. Juli 1907 geboren. Sie erkrankte mit sechs Jahren, ob an Polio, ist unklar, musste neun Monate das Bett hüten, ihr rechtes Bein blieb geschwächt, der Fuß zur Seite geneigt, und sie humpelte leicht. Die Ärzte rieten zu Sport. Der Vater wünschte, dass sie einen Beruf ergriff, weil sie sich wegen ihrer Behinderung nicht würde verheiraten können. Frida begeisterte sich für die Fotografie und entwickelte sich zur leidenschaftlichen Leserin. Auf den Fotos ihres Vaters lächelte sie nicht mehr, besuchte aber als eines von 35 Mädchen unter 2000 Schülern ab 1922 die Escuela Nacional Preparatoria in Mexiko-Stadt. In der Aula der Schule sah sie Diego Rivera bei der Arbeit an einem Wandbild, schloss sich einer regimekritischen Studentengruppe an und verliebte sich in Alejandro Gómez Arias.

Am Nachmittag des 17. September 1925 verunglückte Frida gemeinsam mit dem Freund in einem überfüllten Autobus bei der Kollision mit einer Straßenbahn. Eine Eisenstange durchbohrte ihr Becken, verletzte das Rückgrat an drei Stellen und sie erlitt zahlreiche Frakturen. Einen Monat musste sie in einem Gipskorsett im Krankenhaus ausharren. Wochenlange Bettruhe zu Hause folgte. Die besorgten Eltern ließen eine Staffelei bauen, brachten einen Spiegel über ihrem Kopf an, und Frida begann zu malen. Im Dezember durfte sie wieder aufstehen.

Ihr erstes *Selbstbildnis im roten Samtkleid*, mit dem sie vergeblich versuchte, Alejandro zurückzugewinnen, entstand im Sommer 1926. Frustriert schnitt sich Frida die Haare kurz, schlüpfte in Herrenkleidung, trat der kommunistischen Partei bei und wusste, sie wollte Malerin werden.

1927 traf Frida erneut auf Diego Rivera, dem sie ihre Bilder zeigte. Am 21. August 1929 heirateten *la belle et la bête*. Frida trug bei diesem Anlass ein dekoratives Schultertuch, in vielen Gegenden Mexikos das Geschenk des Bräutigams an die Braut. Typisch für die Zeit nach der Revolution, wurde »Mexicanidad« stilbildend für ihre Kleidung, für die Einrichtung ihres Hauses. Frida umsorgte und liebte Diego und erlitt zum ersten Mal eine Fehlgeburt.

Im November 1930 brach das Ehepaar nach San Francisco auf, wo Rivera mehrere Wandbilder ausführte. Die Presse schrieb über Fridas exotische Erscheinung. Dem Kunstsammler Albert Bender widmete sie das Doppelporträt einer kleinen ergebenen Frau an der Seite ihres mächtigen Mannes. Mitte 1931 kehrte sie mit Diego nach Mexiko zurück. Ihr Mann gab den Bau zweier Häuser in Auftrag, das größere für sich selbst, das kleinere für Frida, durch eine Brücke verbunden. Die erste von zahlreichen Trennungen.

Als das Museum of Modern Art, New York, Rivera zu einer Einzelausstellung einlud, lebten er und Frida in Manhattan. 1932 zogen sie nach Detroit, wo Rivera an einem Fresko arbeitete. Frida war wieder schwanger, verlor jedoch erneut das Kind. Im Krankenhaus entstand *Henry Ford Hospital*. Sie liegt im Bett, von Blutlachen umgeben, durch Adern mit Symbolen der Sexualität, einem Fötus und einem deformierten Becken verbunden. Malen unter Schmerzen wurde zu einem Malen der Schmerzen. Frida wählte nun im Stil traditioneller mexikanischer Votivbilder kleine Formate, arbeitete auf Metall, schmückte die Rahmen mit Perlmutt, Spiegelglas, Gips: *Meine Geburt* zeigt ein großes Bett mit einer gebärenden Frau, ihr Kopf ist durch ein weißes Tuch verhüllt. An der Wand eine schmerzensreiche Muttergottes. Das Textfeld blieb leer. Es gab keinen Grund zum Dank.

Viele weitere Arbeiten widmeten sich diesem Thema. *Meine Amme und ich* (1937) zählte zu Fridas Lieblingsbildern. Vom trüben Himmel tropft Regen, die Brust spendet Milch. Mutter und Kind oder eine Art Doppelporträt, in dem ein Teil ihres Wesens den anderen nährt. *Ich und meine Puppe* aus demselben Jahr zeigt eine ebenso große Leere wie *Meine Geburt.* Eine Babypuppe, nackt und weiß, die Ärmchen bittend in die Luft gestreckt: Bin ich, verletzt, betrogen und kinderlos, eine richtige Frau?

Im September 1932 reiste Frida zurück nach Mexiko. Ihre Mutter war erkrankt und starb, sie kümmerte sich zunächst um ihren Vater, kehrte dann zu Diego zurück. Auf ihrem Gemälde *Dort hängt mein Kleid* aus dem Jahr 1933 weht ihr stolzes Tehuana-Gewand in der Architekturkulisse einer modernen Welt, die sie ablehnte.

Nach ihrer Rückkehr fühlte Frida sich zunächst glücklich, bezog mit Diego die beiden neu gebauten Häuser in San Ángel, doch ihre Ehe war in eine Schieflage geraten. Rivera begann eine Affäre mit ihrer Schwester. Dieser Umstand, eine erneute Fehlgeburt und gesundheitliche Probleme stürzten Frida in tiefe Verzweiflung. Sie verließ ihren Mann und zog in eine eigene Wohnung nach Mexiko-Stadt. Der brutale Frauenmord, den sie im selben Jahr auf dem Gemälde *Ein paar kleine Dolchstiche* (1935) darstellte, thematisiert den von ihr als existenziell empfundenen Verrat.

Frida Kahlo selbst ging nun Beziehungen mit Männern

und Frauen ein, bevor ihr Leben in die gewohnten Bahnen mit Diego zurückkehrte. Beide gaben sich Freiheiten, suchten Gemeinsamkeiten. Auch wenn der rechte Fuß sie nach einer weiteren Operation plagte, arbeitete sie mit größerer Disziplin und Intensität. Zusätzlich kümmerte sie sich um alle alltäglichen Belange des Haushalts, brachte Diegos Armbanduhren zur Reparatur, achtete darauf, dass sein Füllfederhalter nicht austrocknete und hieß ihre Gäste willkommen.

Leo Trotzki hatte auf Initiative von Frida und Diego in Mexiko Asyl erhalten. Anfang Januar 1937 zog er mit seiner Frau und den Wachen in das Haus von Fridas Vater. Frida begann eine Affäre mit dem 57-jährigen Russen und malte das großformatige *Selbstporträt Leo Trotzki gewidmet*.

Im April 1938 reiste André Breton zu einer Vortragsreise nach Mexiko. Europa stand kurz vor einem Krieg, und er wollte Trotzki kennenlernen. Am meisten aber interessierte Breton das Land, das er für den »eigentlichen Ort des Surrealismus« hielt. Natürlich betrachtete er auch Frida Kahlo angesichts ihrer hybriden Figuren, halb Mensch, halb Tier oder Pflanze oder den geöffneten Körpern als Surrealistin und versprach ihr eine Ausstellung in Paris, vermittelte den Kontakt zu dem New Yorker Galeristen Julien Levy und schrieb später das Vorwort zum Katalog ihrer ersten Einzelausstellung in dessen Galerie: »Die Kunst der Frida Kahlo ist wie ein farbiges Band um eine Bombe.«

Breton und seine Frau wohnten bald bei den Riveras. Gemeinsam unternahmen sie Ausflüge. Jacqueline Lambas Karriere litt unter der Dominanz ihres Mannes.

Frida freundete sich mit ihr an. Breton, seine Theorien und Manifeste blieben ihr fremd.

Was mir das Wasser gab ist in dieser Zeit entstanden, es zeigt eine badende Frida, die auf ihre durch den Wasserspiegel verdoppelten Füße herabblickt. Viele Details wie ein New Yorker Hochhaus, die Porträts der Eltern, Zitate aus ihren Bildern und Blumen schimmern in gedämpften Tönen auf einer dünnen Farboberfläche. Die Künstlerin erklärte, das Gemälde erzähle von der verrinnenden Zeit und der Traurigkeit über das, was ihr widerfahren sei.

Frida Kahlo nahm an einer Gruppenausstellung in der Universitätsgalerie in Mexiko-Stadt teil. »Ich kann nicht sagen, dass ich der Sache mit großer Begeisterung entgegensehe«, schrieb sie, »es gibt höchstens vier oder fünf Leute, die meine Bilder gut finden, alle anderen halten sie für verrückt.« Das war natürlich Pose, denn der Aufmerksamkeit Bretons konnte sie sich sicher sein, und im Sommer kaufte der US-amerikanische Schauspieler Edward G. Robinson vier Bilder. Frida sah darin den Beginn ihrer finanziellen und persönlichen Unabhängigkeit.

Im Oktober reiste sie voller Selbstbewusstsein und Optimismus nach New York. Diego hatte ihr mehrere Empfehlungsschreiben mitgegeben, lobte ihre Arbeit als »beißend und zart, hart wie Stahl und so fein wie Schmetterlingsflügel, liebenswürdig wie ein schönes Lächeln und tief grausam wie die Bitternis des Lebens«.

Die Presse apostrophierte Frida Kahlo jetzt als »eigenständige Malerin«, obwohl die Tatsache, dass sie die Frau eines weltberühmten Künstlers war, natürlich zum Erfolg ihrer Ausstellung beitrage. Am 1. November stand sie streng und hoheitsvoll in mexikanischer Tracht und mit einer kunstvoll geflochtenen, mit Blumen dekorierten Frisur zwischen 25 ihrer Bilder in der Galerie von Julien Levy. Sie freute sich über die vielen Leute, die Freundlichkeit, die gute Hängung. Dass die *Vogue* ein Foto von ihr auf dem Titel brachte und im Innenteil drei Reproduktionen ihrer Bilder zeigte, gefiel ihr ebenso. Frida bezauberte und bannte ihr Publikum zum ersten Mal.

Sie selbst begeisterte sich für den Central Park, Chinatown, Little Italy, Harlem, den Broadway. Mit dem ungarischen Fotografen und Kunstsammler Nickolas Muray, den sie aus Mexiko kannte, begann sie eine Liebesbeziehung. Er schuf ikonische Fotos von ihr.

Im Januar 1939 trug die *SS Paris* Frida Kahlo nach Frankreich. Jacqueline Lamba und Dora Maar empfingen sie in Le Havre. Zunächst wohnte sie bei den Bretons. Sie lernte Paul Éluard und Max Ernst kennen, besuchte Künstlercafés und Nachtclubs, wirkte beim *Cadavre Exquis* mit und musste beim *Wahrheitsspiel* einen Sessel »lieben«. Elsa Schiaparelli soll so fasziniert von Fridas Kleidungsstil gewesen sein, dass sie eine – nicht nachweisbare – Robe »Madame Rivera« kreierte. Die *Vogue* zeigte Fridas mit vielen Ringen geschmückte Hände auf dem Titelblatt.

Nur mit ihrer Ausstellung wollte es nicht vorangehen. In einem Brief an Nickolas Muray vom 16. Februar 1939 machte Frida ihrem Ärger Luft: Breton hatte nichts vorbereitet, die Bilder lagerten noch beim Zoll. Dann nahm Marcel Duchamp die Sache in die Hand. Doch Pierre Colle, der Salvator Dalí und andere Größen des Surrealismus vertrat, wollte nur zwei Kahlo-Bilder präsentieren, die anderen waren ihm zu »schockierend«. Den empörten Brief schrieb sie in einem Bett des Amerikanischen

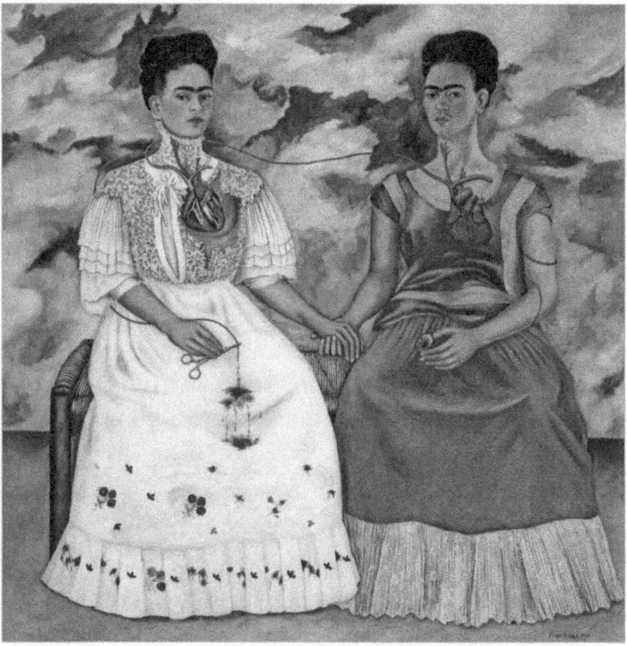

»Ich hatte keine Ahnung, dass ich surrealistisch male.«
Frida Kahlo, »Die zwei Fridas«, 1939

Krankenhauses liegend, wo sie eine Nierenentzündung auskurieren musste.

Als die Klinik sie entließ, lud die Lebensgefährtin von Duchamp Frida Kahlo ein, bei ihnen zu wohnen. Frida tat das gemeinsam mit ihrem neuen Liebhaber Michel Petitjean. Sie flanierte durch den Louvre, besichtigte die Loire-Schlösser, stöberte auf Trödelmärkten.

Als am 10. März 1939 die Ausstellung *Mexique* mit nun doch 17 ihrer Bilder eröffnet wurde, fand diese trotz der widrigen Zeitumstände Beachtung. Picasso schenkte Frida ein Paar Ohrringe, kleine Händchen aus Schildpatt. Kandinsky bewunderte ihre Werke und ihre Erscheinung, Dora Maar fotografierte und zeichnete sie. Der Louvre kaufte das auf eine Aluminiumplatte gemalte und mit einem prächtig geschmückten Glasrahmen umgebene *Selbstbildnis. Der Rahmen* aus dem Jahr 1938.

Die Kriegsgefahr war inzwischen allgegenwärtig. Und so kam eine Ausstellung bei Guggenheim Jeune in London für Frida nicht mehr infrage. Am 25. März 1939 reiste sie von Le Havre nach New York zu Nickolas Muray. Der trennte sich jedoch völlig überraschend von ihr.

Eine unglückliche Frida kehrte im April nach Mexiko zurück. Endlich entschied sie sich zu einer Trennung von Diego Rivera und zog ins Haus ihrer Eltern. Am 19. September 1939 reichte das Paar die Scheidung ein. Im November wurde die Trennung amtlich vollzogen. Fridas Gesundheitszustand verschlechterte sich. Sie musste ein Korsett tragen, wurde gestreckt und malte *Die zwei Fridas*, sehr groß für ihre Verhältnisse, ihr berühmtestes Bild. Rechts sitzt sie in mexikanischer Tracht auf einer Bank, mit einem Kinderporträt Diegos in Händen. Aus diesem wächst eine Ader hervor. In ihrem offen sichtbaren Herzen teilt sich die Ader und geht weiter zur links sitzenden Frida im viktorianischen Spitzenkleid. Auch ihr Herz liegt offen, allerdings fehlt ihm ein Teil. Wieder teilt sich die Ader, aber diese vernunftbetonte Frida versucht sie mit einer Klemme zu schließen. Beide Fridas halten sich an den Händen. Der alte Widerstreit von Vernunft und Gefühl in der Liebe. 1940 zeigte die Internationale Surrealisten-Ausstellung in Mexiko-Stadt das Werk erstmals.

In allen Selbstbildnissen dieser Zeit der Trennung von Diego stellte sich Frida abgemagert dar, das Gesicht wirkt maskenhaft. Sie hatte sich wieder die Haare abgeschnitten, trug viel zu große Männerkleidung. Auch zeigte sie sich mit Tieren als Begleiter: Affen, Katzen, Papageien. Bänder und Dornen umschließen ihren Hals. Lauter Anklagen.

Nach einem von Stalin initiierten Attentatsversuch auf Trotzki im Mai 1940 floh Rivera in die USA. Als der Revolutionär drei Monate später tatsächlich vom sowjetischen Geheimdienst ermordet wurde, geriet Frida für kurze Zeit ins Visier der Ermittler. Sie fühlte sich schwach, litt, reiste nach San Francisco und begab sich dort in eine Klinik.

Am 8. Dezember 1940 heirateten Frida und Diego zum zweiten Mal. Sie lebten nun im 1904 errichteten Haus von Fridas Eltern. Und sie machten es durch den kobaltblauen Anstrich seiner Außenwände zum »Blauen Haus«, La Casa Azul. Im Obergeschoss entstand ein großes Atelier, den Patio schmückten präkolumbische Statuen. Frida verbrachte jeden Morgen mit Arbeit, in Jeans und Hemd. Dann ging sie zum Markt, kaufte Lebensmittel, Blumen, dekorierte den Tisch mit wechselnden Stillleben. Nach dem Essen legte sie sich in die Sonne, spielte mit ihren

Hunden, ihren Tauben, einem grauen Truthahnpaar, besuchte Freunde, erledigte Post, ging ins Kino oder zu einem Boxkampf. Abends kehrte Diego aus seinem Atelier zurück. Frida hatte gekocht, sie aßen gemeinsam.

1943 zählten Frida und Diego zu den ersten Lehrkräften der staatlichen Kunstschule La Esmeralda in Mexiko-Stadt. Im selben Jahr beteiligte sich die Künstlerin an Peggy Guggenheims Ausstellung *Exhibition of 31 Women* mit einem gezeichneten Porträt in Herrenkleidung und kurzem Haar.

Mitte der 1940er-Jahre verschlechterte sich Fridas körperlicher Zustand weiter. Sie verbrachte wieder viel Zeit im Bett, hatte große Schmerzen im rechten Fuß und im Rückgrat. *Die gebrochene Säule* (1944) zeigt sie ungeschmückt, ungeschminkt, Tränen rinnen über ihre Wangen, zahlreiche Nägel stecken in ihrer Haut. Ihr Körper ist in der Mitte aufgerissen, sodass eine mehrfach gebrochene ionische Säule sichtbar ist, durch ein orthopädisches Korsett stabilisiert. Insgesamt zählte Frida 28 Stützhüllen aus Stahl, Leder oder Gips. Sie musste sich Sandsäcke an die Füße hängen lassen, während ihr Kopf in einer Schlinge hing.

Doch Frida malte nicht nur weiter, sie begann ein Tagebuch zu führen, in dem sie sowohl ihren Gefühlen und Ängsten wie auch ihren Hoffnungen Ausdruck verlieh, ein genuin surrealistisches Werk: Es besteht aus Worten und Bildern, Gedanken und Assoziationen, Liebesbotschaften, Autobiografischem, Humorvollem. Bizarre Gestalten, zerstückelt und wieder zusammengesetzt. Leuchtend farbige Tuschen, Bleistift, Kreide. Tintenkleckse als Beginn eines Gemäldes. »Ein freies Reich. Mein Reich!«

Zu Beginn des Jahres 1950 war Frida so krank, dass sie sich ein ganzes Jahr in stationäre Behandlung begeben und sieben Operationen über sich ergehen lassen musste. Diego, der sie noch kurz zuvor um die Scheidung gebeten hatte, stand ihr jetzt bei. Sobald sie sich kräftig genug fühlte, malte sie wieder. 1951 konnte sie im Rollstuhl nach Hause zurückkehren. Eine Privatschwester kümmerte sich nun um sie. Fühlte Frida sich besser, ging sie mit Diego aus oder er lud Freunde ein. Sie hasste es inzwischen, allein zu sein. Das Malen wurde zum Wettlauf gegen die Zeit.

Im Frühjahr 1953 zeigte Lola Álvarez Bravo in ihrer Galería de Arte Contemporáneo in Mexiko-Stadt die erste und einzige Werkausstellung der Künstlerin zu Lebzeiten in deren Heimat. Frida Kahlo musste sich liegend in die Ausstellungsräume bringen lassen.

Im Sommer entschlossen sich die Ärzte, Fridas rechten Unterschenkel bis zum Knie zu amputieren. »Ich wäre am liebsten gestorben … Ich bin die personifizierte Auflösung«, schrieb sie in ihr Tagebuch. Anfangs weigerte sie sich, eine Prothese zu tragen. Dann lernte sie diese anzulegen und konnte kürzere Entfernungen gehen. Ein halbes Jahr später notierte sie: »Wozu brauche ich Füße, wenn ich Flügel habe.« Dazu zeichnete sie einen geflügelten Akt mit einer Taube anstelle eines Kopfes und einer geborstenen Marmorsäule anstelle eines Rückgrats. Ein Bein als Prothese.

Am 2. Juli 1954, einem nasskalten Tag in der Regenzeit, verließ Frida Kahlo gegen den Rat der Ärzte ihr Bett, um im Rollstuhl an einer kommunistischen Demonstration teilzunehmen. Dabei zog sie sich eine Lungenentzündung zu. Sie wusste, sie würde sterben, als sie auf die letzte

Seite ihres Tagebuchs kostümierte Skelette zeichnete und dazu schrieb: »MUERTES EN RELAJO« (Die Toten beim Tanz). Am 13. Juli 1954 erlag Frida Kahlo im Alter von 47 Jahren einer Lungenembolie. Diego Rivera stiftete das Blaue Haus als Museum, mitsamt den Fotos, Zeichnungen, Briefen, Kleidern, Kosmetik und Medikamenten: der Kosmos Frida Kahlo.

Unica Zürn: Die Gefesselte

Unica Zürn, die einzig Nachgeborene der ursprünglichen surrealistischen Bewegung, Nachfahrin der rebellischen jungen Dichter, die den psychischen Automatismus feierten und alle Tabus brachen? Unica, die Einzige?

Ihre 123 erhaltenen Anagramme leben von einer systematischen Umstellung der Sätze und Wörter, finden ihre Tradition in mystisch mittelalterlichen Schriften und der jüdischen Kabbala und stellen die Frage nach der Verstehbarkeit von Sprache immer wieder neu. Diese Texte kombinierte die Künstlerin mit kleinteiligen automatischen Zeichnungen, vorwiegend in farbiger Tusche und Bleistift ausgeführt. Darüber hinaus sind zehn Ölgemälde erhalten, die sich Themen aus der Zirkuswelt widmen, 200 Zeichnungen und ihre autobiografische Prosa. Allen Widerständen und Tragödien ihres Lebens zum Trotz schuf sie ein höchst komplexes und konsequentes künstlerisches Werk.

Unica, die Einzige auf dem schmalen Grat zwischen Präzision und Akribie, Traum und Realität, Melancholie und Trauer, Zärtlichkeit und Gewalt, kam als Nora Berta Ruth Zürn am 6. Juli 1916 und als zweites Kind von Ralph Zürn, ehemaliger Kolonialoffizier, Schriftsteller, Kleinverleger und viel auf Reisen, im großbürgerlichen Grunewald zur Welt. Später idealisierte sie den ewig abwesenden

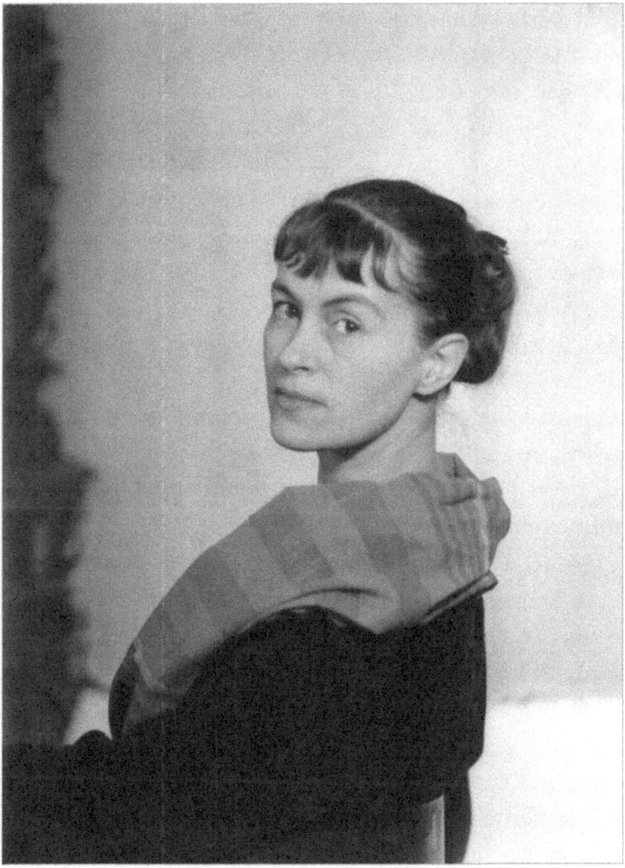

»Ich weiß, wie ich macht man die Liebe nicht.«
Unica Zürn, porträtiert von Man Ray, 1951

Vater, der sie mit einem indischen Buddha, einem goldbestickten chinesischen Teppich und arabischen Möbeln zurückließ, auf die sie ihre Liebe zur Arabeske zurückführte. Ihre Mutter, Helene Pauline Heerdt, fürchtete sie ebenso wie ihren älteren Bruder. 1965 formulierte Unica Zürn in *Dunkler Frühling* die unsäglichen Erinnerungen eines zwölfjährigen Mädchens, eine Studie über weiblichen Masochismus, Schmerz als Selbstvergewisserung, Ausweis von Lebendigkeit und Körperwahrnehmung. Die erste Ausgabe erschien 1969 mit Zeichnungen ihres Lebensgefährten Hans Bellmer.

Ruth war 13 Jahre alt, da wurde die Villa versteigert, die Eltern ließen sich scheiden und verheirateten sich beide neu. Nach Abbruch des Gymnasiums 1932 begann sie eine kaufmännische Ausbildung im Lette-Verein und schrieb erste Beiträge für Jugendzeitschriften. Ab 1934 war sie bei der Ufa angestellt, als Stenotypistin, Dramaturgin und Drehbuchschreiberin für Werbefilme. Der Vater starb 1939, der Bruder Horst fiel zwei Jahre später als Soldat. 1942 heiratete Ruth den 19 Jahre älteren, wohlhabenden Kaufmann Erich Laupenmühlen, Direktor bei Zeiss, und hörte auf zu arbeiten. Ihre Tochter Katrin kam 1943 zur Welt, der Sohn Christian folgte kurz vor Kriegsende. Ruth war eine verspielte Mutter, die mit ihren Kindern malte, sang und baute. Ihren Ehemann liebte sie und litt unter seiner Untreue. Nach der Scheidung 1949 beanspruchte und erhielt ihr Ex-Mann das Sorgerecht. Nur einmal im Monat durfte Ruth ihre Kinder sehen.

Nun lebte sie allein in einer kleinen Wohnung und begann wie ihr Vater für Zeitungen zu schreiben, besuchte das Kabarett »Die Badewanne« und führte eine Beziehung mit dem Schauspieler, Tänzer und Maler Alexander Camaro, 15 Jahre älter als sie. Sie schrieb über seine Auftritte, er zeichnete sie und schenkte ihr einen Tuschkasten. Erste eigene Zeichnungen und Aquarelle entstanden im Jahr 1950.

Ruth nannte sich nun Unica: »Jeder muss seine eigene Idee werden.« Später erinnerte sie sich mit Wehmut an diese Zeit zurück: »Die Fantasie war bewegt, der Körper leicht und ohne Behinderungen. Der Schlaf war lang und tief, zuweilen träumte sie faszinierend und deutlich ... Nach dem Frühstück stellte sie ihre Schreibmaschine auf den Tisch, und mit der Musik aus dem Radioapparat tippte sie manche Geschichten direkt in die Maschine, ohne sie vorher aufzuschreiben oder zu korrigieren. Und welches Vergnügen, die Geschichten gedruckt ... zu lesen.«

Dann kam der Tag im September 1953, an dem Unica Zürn besser vor der Schreibmaschine sitzen geblieben wäre. Stattdessen zog sie sich schön an, schminkte sich die Lippen rot, band sich eine mädchenhafte Schleife ins Haar und ging auf eine Vernissage. Zwischen all den Bildern und Menschen stellte sie sich, groß, schlank, brünett, neben einen unauffälligen älteren Mann im Tweedjackett. Davon existiert ein Foto.

Der 51 Jahre alte Hans Bellmer, ehemaliger Dadaist, 1938 nach Frankreich emigriert, gehörte zum Kreis der Surrealisten um Breton, die seine grotesk und gewalttätig inszenierte Puppe zur Ikone der Bewegung hochgejubelt hatten. Unica betrachtete kurz nach der ersten Begegnung diese Puppenfotos, »glaubte nie etwas so Erstaunliches gesehen zu haben« und sagte später von sich: »Sie liebt ihn vom ersten Augenblick.« Ab November 1953 lebte sie, des

Französischen nicht mächtig, mit Bellmer in Paris, in der Rue Mouffetard im afrikanischen Viertel, in einem ärmlichen Hotelzimmer, vollgestopft mit Puppenteilen und altmeisterlich ausgeführten pornografischen Zeichnungen, bevorzugt von weiblichen Kopffüßlern oder Brüsten, aufgestapelt zur phallischen Säule.

Unica liebte die Konzentration, die Stille, das Ausschließen der Umwelt, das Vergessen der Wirklichkeit. Wochenlang saß sie über einem Gedicht, einer unendlichen Anzahl von Möglichkeiten, Mehrdeutigkeiten. Sie erklärte es so: »Anagramme sind Worte und Sätze, die durch Umstellen der Buchstaben eines Wortes oder eines Satzes entstanden sind.«

»Dein Ich ist ein Gramm Dichtang.« Die Ausgangszeile zog die bildnerische Umsetzung nach sich. Unica begann eine Linie zu zeichnen, die sich zu einem mäandernden und verzweigenden Gebilde ausweitete, aus dem sich plötzlich ein Wesen herausbildete. Sie arbeitete mit schwarzer Chinatinte, mit Bleistift und Gouache. Augen werden Gesichter, gehören Menschen, Tieren, Fantasiegeschöpfen, die ineinander übergehen, deren Einzelteile vertauscht sind, deren Umrisse zerfließen. Ornamentale Gebilde erscheinen in unendlicher Abwandlung und Bewegung, breiten sich aus, wuchern über das Blatt, eröffnen neue Räume der Fantasie, stellen jedes Denkmuster auf den Kopf und verwirren jedes Gefühl. Schöpfung und Deformation. »Jedes Mal ist das eine große Aufregung: was wird da wohl herauskommen?« In der Galerie Le Soleil dans la Tête stellte sie erste Zeichnungen aus.

1954 lebten Bellmer und Zürn vorübergehend in Berlin. In der Galerie Springer erschien ihre erste Veröffentlichung: *Hexentexte*, zehn Anagramme und Federzeichnungen. Hans Bellmer schrieb im Nachwort: »Auch der Satz ist wie ein Körper, der uns einzuladen scheint, ihn zu zergliedern.«

Ein Jahr später versuchte Unica Zürn sich zum ersten Mal von dem Gefährten zu trennen und zog zurück nach Berlin. Im Februar 1956 lebte sie wieder bei ihm in Paris. Hans Bellmer nahm seine *Puppe II*, eine Bauchkugel mit zwei Paar Beinen, aus der Kommode, wo sie 20 Jahre lang gelegen hatte, und restaurierte sie zum Verkauf.

Den Sommer 1957 verbrachte das Paar in Ermenonville, 50 Kilometer entfernt von Paris. Hier entstand die Serie von 15 Aktfotos, die Unica Zürn mit Draht verschnürt auf einem Stuhl sitzend, auf dem Bett liegend zeigen, ihr Körper bis zur Unkenntlichkeit deformiert. Eines der Fotos erschien 1958 als Titel der Zeitschrift *Le Surréalisme, même.* Unica sprach in einem Brief an Freunde von »unserem Umschlag«. Sie hatte die Schmerzgrenze überschritten.

Eine zweite Ausstellung in Paris und eine zweite Flucht nach Berlin folgten. Doch Unica kehrte erneut zu Bellmer zurück. Durch ihn lernte sie Man Ray kennen, der sie fotografierte, Max Ernst und Dorothea Tanning, Hans Arp. Die von ihr bewunderte Leonor Fini vermittelte ihr den Verkauf eines Bildes.

Henri Michaux, den Unica nun zu ihrem Traummann stilisierte, beglückte sie mit dem »Diktat« des Automatischen Schreibens und machte sie mit der Droge Meskalin vertraut. Sie glaubte den Verstand zu verlieren. Doch anders als Bretons Romanfigur Nadja wurde Unica Zürn nicht zum Inbegriff des Wunderbaren, sondern litt bald an einer Anämie und einer Augenkrankheit.

Nun malte sie Augen, immer schon ein Lieblingsmotiv der Surrealisten, riesig groß, alles beherrschend. Am 31. Dezember 1957 schrieb sie in *Notizen einer Blutarmen*: »Mein Körper ist grauer Brei. Ich welke – ich bin schon verwelkt – ich faule und rieche übel – so übel ist alles. Ich vergesse, dass ich Beine habe. Ich kann nicht mehr bis zu meinen Füßen hinunterdenken.« 1958 folgte *Das Haus der Krankheiten*, innerhalb von zehn Tage geschrieben und illustriert.

»Erinnere dich wohl, wir sind auf diesem entmasteten Schiff, um zu leiden.« Als Bellmer Unica Lautréamonts *Gesänge des Maldoror* schenkte, war sie beeindruckt von dem Lied über Schmerz, Grausamkeit und moralische Abgründe. »Seit der Anbetung des Bösen ... schmeckt mir das Süße nicht mehr«, vertraute sie ihren Freunden an. »Das Geheimnis ist, ein böser Engel zu werden.«

In *Das Weiße mit dem roten Punkt* beteuert sie dagegen: »Nach dreiundvierzig Lebensjahren ist mein Leben noch nicht ›mein Leben‹ geworden. Es könnte ebenso gut das Leben eines anderen sein. In großer Angst geschrieben am 24. Februar 1959.« Und sie schuf ein Anagramm mit der resignativen Schlusszeile: »Ich weiß, wie ich macht man die Liebe nicht.«

Im selben Jahr nahm Unica Zürn mit grafischen Werken an der *documenta II* in Kassel teil. Im Dezember eröffnete die *Exposition Internationale du Surréalisme* (*EROS*) in der Galerie Cordier. Meret Oppenheim beteiligte sich mit *Festmahl auf Mannequin* und war unzufrieden, Leonora Carrington schrieb einen harschen Absagebrief. Unica Zürn zeigte eine erotische Zeichnung. Hans Bellmer präsentierte seine *Puppe II* und hatte damit großen Erfolg.

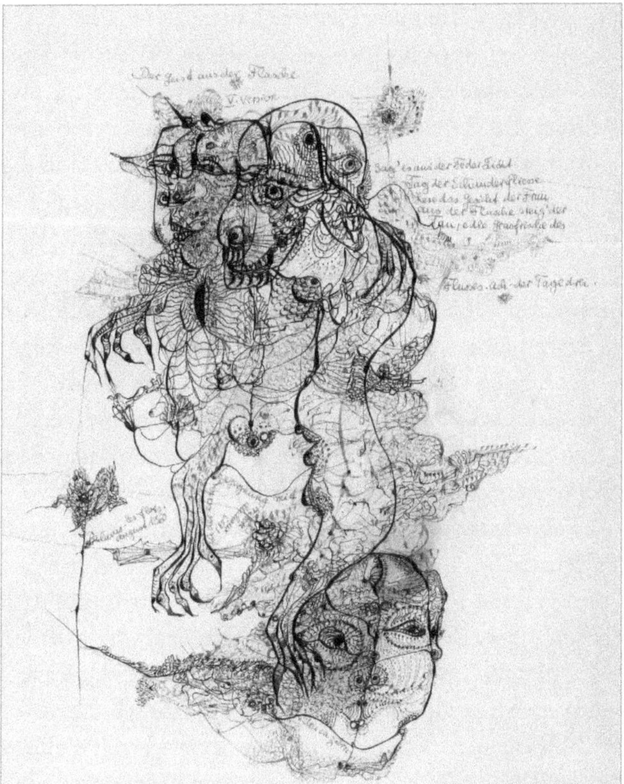

Unica Zürn, »Der Geist aus der Flasche«, 1960

Alle Geldsorgen gehörten ab jetzt der Vergangenheit an.

Nicht aber die Beziehungssorgen. Nach einer weiteren missglückten Trennung lebten Unica Zürn und Hans Bellmer von April bis September 1960 in Palavas-les-Flots in Südfrankreich. Zurück in Paris, trennte sich nun Bellmer von ihr, und sie reiste wieder einmal nach Berlin. Dort brach am 9. Oktober eine psychische Erkrankung offen aus. Unica wurde in die Karl-Bonhoeffer-Heilstätten in Berlin-Wittenau eingeliefert. Die damalige Diagnose lautete paranoide Schizophrenie, heute als Psychose erkannt. Ein Heft mit 64 Zeichnungen entstand. Am 2. März 1961 kehrte Unica Zürn zu Hans Bellmer zurück.

Es folgten zehn Jahre, die gezeichnet waren von Klinikaufenthalten mit einer sich ruinös auswirkenden Dauermedikation, Trennungen, Selbstmordversuchen, Depressionen, »gesunden« Phasen, in denen sie arbeitete – alles ohne eine kontinuierliche Unterstützung durch einen Psychiater.

Im Februar 1962 fand in Unicas Abwesenheit eine Ausstellung ihrer Bilder in Paris statt. Max Ernst verfasste ein »cryptografisches Vorwort« für den Katalog. Unica begann im März 1963 *Orakel und Spektakel* zu schreiben.

Die beiden nächsten Sommer verlebte sie mit Bellmer auf der Île de Ré an der französischen Westküste. Dort entstanden 15 letzte Anagramme. Danach überarbeitete Unica nur noch bereits vorhandene. Im Dezember 1964 eröffnete ihre vierte Pariser Ausstellung in der Galerie Le Point cardinal. Max Ernst kalligrafierte den Text der Einladung.

Hans Bellmer und Unica Zürn zogen im Oktober 1965 in eine Wohnung in der Rue de la Plaine im 20. Pariser Arrondissement. Sie begann die Arbeit an dem autobiografischen Text *Der Mann im Jasmin*, ihrer, wie sie betont, wichtigsten Arbeit. Dort schreibt sie: »Es ist bemerkenswert, wie wenig sie der ›normale Mann‹ interessiert hat. Seine Berührungen, seine Worte kamen ihr ohne Überraschungen vor. Auf was hat sie ihr ganzes Leben so hartnäckig gehofft? Was hat sie erwartet?« Hinter ihrem Namen notierte sie »Frau von Bellmer«. Die Freundin Ruth Henry sollte das Werk ins Französische übertragen und sich in Frankreich wie in Deutschland für Unicas Bücher einsetzen.

Im September 1969 erlitt Hans Bellmer in Paris einen Schlaganfall und blieb halbseitig gelähmt. Mitte Dezember wurde Unica ihrerseits erneut in eine Klinik eingewiesen. Dort erreichte sie ein Trennungsbrief, in dem Bellmer sich verpflichtete, finanziell für sie zu sorgen. Im Mai 1970 konnte ihre Tochter eine Überweisung in eine offene Klinik organisieren. Hier besserte sich Unicas Zustand zum ersten Mal seit Langem. Am 18. Oktober reiste sie zu Hans Bellmer, der ihr mitteilte, er habe seinen Verleger als ihren Vormund vorgesehen. Am Morgen des 19. Oktober 1970 stürzte sich Unica Zürn aus dem Fenster der gemeinsamen Pariser Wohnung im fünften Stock und starb auf dem Weg ins Krankenhaus.

»Jetzt ist es ihr gleich, ob sie auf ›fremder Erde‹ stirbt oder in ihrem Garten. Sie steigt auf das Fensterbrett, hält sich an der Schnur des Fensterladens fest und betrachtet noch einmal ihr Bild im Spiegel. Sie findet sich reizend, und eine Spur von Bedauern mischt sich in ihre Entschlossenheit. ›Vorbei‹, sagt sie leise und fühlt sich schon tot, ehe sie mit den Füßen das Fensterbrett verlässt. Sie fällt auf den Kopf und bricht sich den Hals. Ihr kleiner Körper liegt seltsam verzerrt im Gras«, schrieb Unica Zürn bereits 1965 in ihrer autobiografischen Erzählung *Dunkler Frühling.*

Unica Zürn inspiriert bis heute Filmemacher, Schriftstellerinnen und Musikerinnen. Zum 50. Todestag erschien ein Klangcomic mit dem Titel *Die Revanche der Schlangenfrau*, eine Femmage, die Unica Zürn in eine Superheldin verwandelt. Gut so!

Ausgewählte Literatur

Bleitner, Thomas: Frauen der 1920er Jahre. Glamour, Stil und Avantgarde. München 2014

Bouvet, Vincent; Durozoi, Gérard: Paris 1919–1939. Kunst, Leben & Kultur. Dt. von Monika Kalitze. Wien 2009

Chadwick, Whitney: Women Artists and the Surrealist Movement. London 1985

Dempsey, Amy: Surrealismus. Dt. von Claudia Koch, Kathrin Lichtenberg. Zürich 2019

Elpers, Susanne: Autobiographische Spiele. Texte von Frauen der Avantgarde. Bielefeld 2008

Friedewald, Boris: Meisterinnen des Lichts. Große Fotografinnen aus zwei Jahrhunderten. München u. a. 2014

Haftmann, Werner: Malerei im 20. Jahrhundert. 2 Bde. München^{6} 1979

Hille, Karoline: Spiele der Frauen. Künstlerinnen im Surrealismus. Stuttgart 2009

Hörner, Unda: Madame Man Ray. Fotografinnen der Avantgarde in Paris. Berlin 2002

Levy, Silvano: Sheila Legge. Mit oder ohne Schweinekotelett?, in: Fantastische Frauen, S. 125–128

Morris, Desmond: Das Leben der Surrealisten. Dt. von Willi Winkler. Zürich 2020

Pfeiffer, Ingrid (Hg.): Fantastische Frauen. Surreale Welten von Meret Oppenheim bis Frida Kahlo (= Ausst. Schirn Kunsthalle Frankfurt). München 2020

Dies.: Fantastische Frauen in Europa, den USA und Mexiko, in: Fantastische Frauen, S. 25–37
Dies.; Hollein, Max (Hg.): Surreale Dinge. Skulpturen von Dalí bis Man Ray (= Ausst. Schirn Kunsthalle Frankfurt). Ostfildern 2011
The Milk of Dreams – Titel der 59. La Biennale di Venezia preisgegeben, in: https://www.kunstforum.de/nachrichten/the-milk-of-dreams-titel-der-59-la-biennale-di-venezia-preis-gegeben/, 9. Juni 2021, zuletzt abgerufen am 21. Mai 2022

Claude Cahun

Allmer, Patricia: Fantastische Visionen. Fotografinnen und Surrealismus, in: Fantastische Frauen, S. 99–104
Ander, Heike; Snauwaert, Dirk (Hg.): Claude Cahun 1894–1954. Bilder (= Ausst. Kunstverein München). München 1997
Cahun, Claude: Vues et Visions. Paris 1919
Dies.: Aveux non avenus. Illustré d'héliogravures composées par Moore d'après les projets de l'auteur. Paris 1930
Leperlier, François: Claude Cahun. L'écart et la metamorphose. Paris 1992
Ders.: Claude Cahun. L'Exotisme intérieur. Paris 2006

Meret Oppenheim

Baur, Simon; Fluri, Christian (Hg.): Meret Oppenheim. Eine Einführung. Basel 2013
Eipeldauer, Heike: »Große Kunst ist immer männlich-weiblich«. Meret Oppenheim und die Utopie von Androgynität, in: Fantastische Frauen, S. 67–73
Dies. u.a. (Hg.): Meret Oppenheim. Retrospektive (= Ausst. Kunstforum, Wien/Berlin). Ostfildern 2013
Helfenstein, Josef: Meret Oppenheim und der Surrealismus. Ostfildern Ruit bei Stuttgart 1993

Wenger, Lisa; Corgnati, Martina (Hg.): Meret Oppenheim. Worte nicht in giftige Buchstaben einwickeln. Das autobiografische Album »Von der Kindheit bis 1943« und unveröffentlichte Briefwechsel. Zürich 2013

Dora Maar

Amao, Damarice u. a. (Hg.): Dora Maar (= Ausst. Paris u. a.). Paris 2019

Baldassari, Anne u. a. (Hg.): Picasso, Dora Maar. Das Genie und die Weinende (= Ausst. Paris, Musée Picasso). Paris 2006

Baring, Louise: Dora Maar. Paris in the Time of Man Ray, Jean Cocteau and Picasso. New York u. a. 2017

Caws, Mary Ann: Dora Maar. Die Künstlerin an Picassos Seite. Dt. von Anja Gundelach. Berlin 2000

Gilot, Françoise: Leben mit Picasso. Dt. von Anne-Ruth Strauss. Frankfurt a. M. 1967

Toyen

Görgen-Lammers, Annabelle: »Je ne suis pas peintre«. Kosmos TOYEN, in: Fantastische Frauen, S. 197–202

Dies.; Le Brun, Annie; Pravdová, Anna (Hg.): TOYEN. 1902–1980 (= Ausst. Hamburger Kunsthalle). München 2021

Huebner, Karla Tonine: Eroticism, Identity, and Cultural Context: TOYEN and the Prague Avant-Garde. Doctoral Dissertation, University of Pittsburgh 2009

Spieler, Reinhard; Auer, Barbara (Hg.): Gegen jede Vernunft. Surrealismus Paris–Prag (= Ausst. Wilhelm-Hack-Museum Ludwigshafen am Rhein). Stuttgart 2009

Toyen. Malerin des Surrealismus. Regie: Andrea Sedlackova. Tschechische Republik/Frankreich 2021

Elsa Schiaparelli

Lehnert, Gertrud: Frauen machen Mode. Modeschöpferinnen vom 18. Jahrhundert bis heute. Dortmund 1998

Schiaparelli, Elsa: Shocking Life. The Autobiograpy. London 2018

Seeling, Charlotte: Mode. Das Jahrhundert der Designer. 1900–1999. Köln 1999

Watt, Judith: Vogue on Elsa Schiaparelli. Dt. von Claudia Theis-Passaro, Annegret Hunke-Wormser. München 2013

www.schiaparelli.com, zuletzt abgerufen am 19. Mai 2022

Leonor Fini

Mahon, Alyce: The Marquis de Sade and the Avant-Garde. Princeton 2020

Overstreet, Richard; Zukerman, Neil (Hg.): Leonor Fini. Catalogue Raisonné of the Oil Paintings. 2 Bde. Zürich 2021

Täljedal, Brita u. a. (Hg.): Leonor Fini. Pourquoi pas? (= Ausst. Bildmuseet). Umeå 2014

Webb, Peter: Sphinx. The Life and Art of Leonor Fini. New York 2009

Eileen Agar

Agar, Eileen: A Look at My Life. London 1988

Kite, Marion: Ceremonial hat for eating Bouillabaisse: Eileen Agar 1936, in: http://www.vam.ac.uk/content/journals/conservation-journal/issue-14/ceremonial-hat-for-eating-bouillabaisse-eileen-agar-1936/, Januar 1995, zuletzt abgerufen am 9. Mai 2022

Lesso, Rosie: Eileen Agar. Monsters and Angels, in: https://blog.fabrics-store.com/2019/08/13/eileen-agar-monsters-and-angels/, 13. August 2019, zuletzt abgerufen am 27. Mai 2022

Remy, Michel: Eileen Agar. Dreaming Oneself Awake. London 2017

Sherwin, Jeffrey: British Surrealism Opened Up: From France to England. Bradford 2014

Leonora Carrington

Hille, Karoline: Gefährliche Musen. Frauen um Max Ernst. Berlin 2007
Schmid, Silvana: Loplops Geheimnis. Max Ernst und Leonora Carrington in Südfrankreich. Frankfurt a. M. 2003
Spengler, Tilman: Apropos Leonora Carrington. Frankfurt a. M. 1995
Weisz Carrington, Gabriel: Leonora Carrington. Eine Tür zu einem alternativen Selbst, in: Fantastische Frauen, S. 249–252
Wilhelm, Jürgen: Max Ernst. Köln 2020

Kay Sage

Gryntaki, Gelly: Kay Sage. The Mesmerizing and Tragic Life of a Brillant Artist, in: https://www.thecollector.com/kay-sage-paintings-artists-and-death/, 13. Juni 2021, zuletzt abgerufen am 8. Mai 2022
Kelman, Mark; Taggart, Hollis (Hg.): Kay Sage. Catalogue Raisonné. München/New York 2018
Suther, Judith D.: A House of Her Own. Kay Sage. Solitairy Surrealist. Lincoln, London 1997
Wallach, Nancy (Hg.): Double Solitaire. The Surreal Worlds of Kay Sage and Yves Tanguy (= Ausst. Katonah Museum of Art). Charlotte 2011

Frida Kahlo

Arcq, Tere: Magische Begegnungen. Surrealistische Künstlerinnen in Mexiko, in: Fantastische Frauen, S. 261–268

Herrera, Hayden: Frida Kahlo. Ein leidenschaftliches Leben. Dt. von Dieter Mulch. München 2004
Prignitz-Poda, Helga (Hg.): Frida Kahlo. Retrospektive (= Ausst. Martin-Gropius-Bau Berlin). München 2010
Seemann, Annette: Viva la Vida! Frida Kahlo. Berlin 2021
Wilcox, Claire; Henestrosa, Circe (Hg.): Frida Kahlo. Stilikone (= Ausst. Victoria and Albert Museum London). München 2018

Unica Zürn

Baumgärtel, Ute: »… dein Ich ist ein Gramm Dichtang …« Die Anagramme Unica Zürns. Wien 2000
Henry, Ruth: Die Einzige. Begegnung mit Unica Zürn. Hamburg 2007
Hille, Karoline: Unica Zürn und die Schwesterkünste, in: Fantastische Frauen, S. 327–332
Lutz, Helga: Schriftbilder und Bilderschriften. Zum Verhältnis von Text, Zeichnung und Schrift bei Unica Zürn. Stuttgart 2003
Zürn, Unica: Gesamtausgabe, hg. von Günter Bose und Erich Brinkmann, 8 Bde. Berlin 1988–2001

Mein Dank

gebührt Sascha Simon nicht nur für die äußerst angenehme Zusammenarbeit, sondern auch für die anspruchsvollen Bücher, die sie mutig und unbeirrt verlegt, sowie Claudia Jürgens für ihr kundiges Lektorat.

Bildnachweis

© akg-images / Mondadori Portfolio / Archivio GBB: S. 102; © akg-images / Marion Kalter: S. 90; Leonora Carrington, *Bird Superior* © VG Bild-Kunst, Bonn 2022: S. 96; © Estate of Eileen Agar. All rights reserved 2022 / Bridgeman Images: S. 81; Leonor Fini, *Self Portrait*, 1941 © VG Bild-Kunst, Bonn 2022: S. 69; Frida Kahlo, *Die zwei Fridas* © Banco de México Diego Rivera Frida Kahlo Museums Trust / © VG Bild-Kunst, Bonn 2022: S. 118; © Interfoto / Friedrich: S. 49; © Jersey Heritage Trust / Bridgeman Images: S. 16; Dora Maar, Foto *Père Ubu*, 1936 © VG Bild-Kunst, Bonn 2022: S. 43; Meret Oppenheim, *Déjeuner en fourrure* © VG Bild-Kunst, Bonn 2022: S. 30; © picture-alliance / brandstaetter images / Schostal Archiv | Madame d'Ora: S. 58; Man Ray, *Erotique voileé* | Man Ray, *Porträt Dora Maar* | Man Ray, *Porträt Unica Zürn* © Man Ray 2015 Trust / VG Bild-Kunst, Bonn 2022: S. 24, 36, 125; Kay Sage, *Auf der Durchreise* © Estate of Kay Sage / VG Bild-Kunst, Bonn 2022: S. 108; Marie Toyen, *Die Schläferin* © VG Bild-Kunst, Bonn 2022: S. 53; © ullstein bild – ullstein bild: S. 64; Unica Zürn, Der Geist aus der Flasche (1960) © Verlag Brinkmann & Bose, Berlin 2022 : S. 131.

Zum Weiterlesen

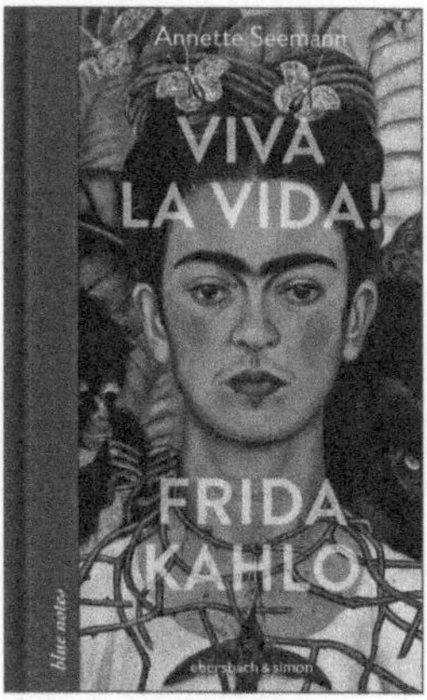

Annette Seemann
Viva la Vida! Frida Kahlo

blue notes 95, 144 Seiten
Abb., Halbleinen, Fadenheftung
ISBN 978-3-86915-249-3

»Sie ist wie ein farbiges Band um eine Bombe!« So beschrieb André Breton die mexikanische Malerin Frida Kahlo, die vor allem mit ihren Selbstporträts ein Feuerwerk an Farben und Emotionen zündete und zu einer der wichtigsten Stilikonen der Frauenbewegung wurde. Sie malte den täglichen Kampf im Umgang mit ihrer schweren Krankheit und ihrem zerrissenen Sein. Trotz des vielen Leids kämpfte sie unermüdlich, denn sie liebte das Leben – und die Liebe. Annette Seemann zeichnet das Porträt einer starken Frau und faszinierenden Künstlerin und verarbeitet dabei erstmals die nach Öffnung der privaten Archive heute zugänglichen wissenschaftlichen Erkenntnisse über Frida Kahlos Leben und Werk.

– www.ebersbach-simon.de –

Zum Weiterlesen

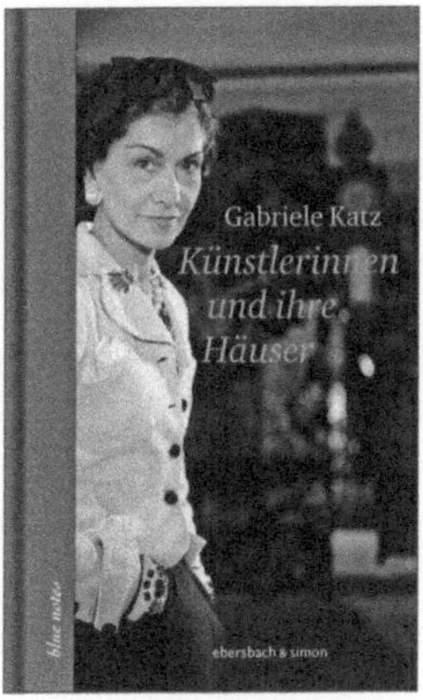

Gabriele Katz
Künstlerinnen und ihre Häuser

blue notes 91, 144 Seiten
Abb., Halbleinen, Fadenheftung
ISBN 978-3-86915-216-5

Neun außergewöhnliche Künstlerinnen, neun Häuser, neun faszinierende Lebensgeschichten: Ob Josephine Bakers Märchenschloss, Peggy Guggenheims Palazzo oder Virginia Woolfs Cottage – alle Frauen bewohnten ein besonderes Haus, das sich auf schicksalhafte Weise mit ihrem Leben verband. Was macht den besonderen Reiz dieser Häuser aus? Wie beeinflussten diese Orte die Frauen und ihr Werk? Wo fanden sie Inspiration? Ob mondänes Domizil oder bescheidene Dichterstätte – bei allen neun Künstlerinnen war das Haus nicht nur Spiegel der Biografie, sondern auch Hort der Erinnerung.

– www.ebersbach-simon.de –

1. Auflage 2022

Lektorat: Claudia Jürgens, Berlin
Umschlaggestaltung: Lisa Neuhalfen, moretypes Berlin
Covermotiv: Leonor Fini, Self Portrait, 1941 © Leonor Fini / VG Bild-Kunst, Bonn 2022
Satz: Birgit Cirksena · Satzfein, Berlin
Druck und Bindung: GGP Media GmbH, Pößneck
ISBN 978-3-86915-269-1

www.ebersbach-simon.de

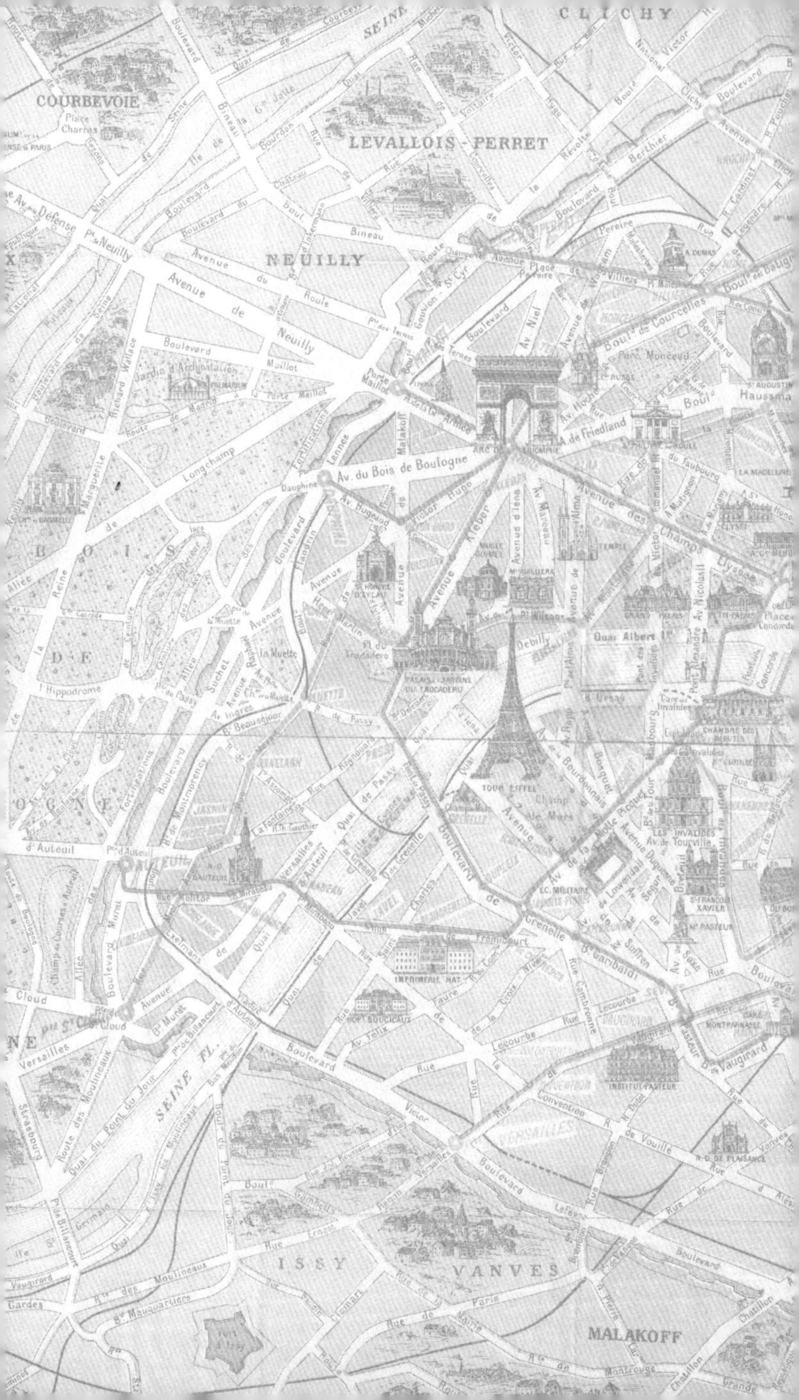

CLICHY
COURBEVOIE
LEVALLOIS - PERRET
NEUILLY
BOIS DE BOULOGNE
ISSY
VANVES
MALAKOFF
SEINE
Avenue de Neuilly
Jardin d'Acclimatation
Porte Maillot
Av. du Bois de Boulogne
Arc de Triomphe
Parc Monceau
Avenue des Champs Elysées
Grand Palais
Petit Palais
Quai Albert Ier
Palais et Jardins du Trocadero
Tour Eiffel
Champ de Mars
Les Invalides
Chambre des Deputés
Ec. Militaire
St Augustin
La Madeleine
Imprimerie Nat.
Hopl Boucicaut
Institut Pasteur
N-D de Plaisance
Gare Montparnasse
Fort d'Issy
Boulevard de Grenelle
Boulevard Victor
Rue de Vaugirard